PREFECTURE DE POLICE
DIRECTION GENERALE DES RECHERCHES
SERVICE DE L'IDENTITE JUDICIAIRE

Paris, le 31 mai 1908

AFFAIRE de l'impasse
Vue du bure

DISTANCES A PARTIR DE L'OBJECTIF DES DIFFERENTS POINTS DU SOL SITUES SUR UNE MEME PARALLELE AU BORD INFERIEUR DE L'IMAGE, LE SOL ETANT SUPPOSE HORIZONTAL.

HORIZON ET POINT DE DISTce

METRES EN PROFONDEUR (PRODUITS DES COEFFICIENTS DE RECONSTITUTION PAR LE TIRAGE FOCAL 0m,10)

30m,00
15,00
10,00
8,00
7,00
6,00
5,00
4,00
3,00
2,50
2,00
1,90
1,80
1,70
1,60
1m,50

c.m. 15/0 14/0 13/0 12/0 11/0 10/0 9/0 8/0 7/0 6/0 5/0 4/0 3/0 2/0 1/0

onsin
(1er Etage)
PHOTOGRAPHIE METRIQUE
HAUTEUR DE L'OBJECTIF: 1m50
TIRAGE FOCAL: 0m10
Orientation de l'axe optique O. 279°
BOUSSOLE-GONIOMETRE
F
REDUCTIONS DES DIFFERENTS PLANS DE FRONT CORRESPONDANT TRAIT POUR TRAIT A LA GRADUATION CI-CONTRE DES DISTANCES.
HORIZON ET
POINT DE DISTce
COEFFICIENTS DE RECONSTITUTION (OU DISTANCES A L'OBJECTIF MESURÉES EN TIRAGES FOCAUX).
(METHODE A. BERTILLON) Objectif à tirage focal constant de Lacour-Berthiot. Paris.
Echelle de la ligne de terre à la réduction de 1/15

SOMMAIRE

LA POLICE JUDICIAIRE
LA SCÈNE DE CRIME

Béatrice Durupt

DÉCOUVERTES GALLIMARD
HISTOIRE

L'aveu : la «reine des preuves», tel fut, durant des siècles, le credo des acteurs judiciaires. Entre certaines méthodes radicales comme la torture par laquelle le présumé coupable était «soumis à la question», les témoignages peu fiables ou encore les indicateurs intéressés, l'aveu s'est révélé trop fragile. Il restait à la police à «circonstancier l'aveu» en cherchant les preuves matérielles, irréfutables, de l'innocence ou de la culpabilité.

CHAPITRE 1

DE L'AVEU À LA PREUVE

Du XIXe au XXe siècle, la police ne cesse de se moderniser : à gauche, l'«assassin de Choisy-le-Roi» est soumis à la prise de vue anthropométrique mise au point par Bertillon, fondateur de l'Identité judiciaire; ci-contre, Locard, père de la Police technique et scientifique, est dominé par l'ombre projetée de Sherlock Holmes au flair légendaire. Science et investigation policière traditionnelle : deux facettes d'une même quête d'objectivité.

La preuve par l'aveu, la preuve par l'indice

Jusqu'en 1788, année de l'abolition de la torture, l'aveu est arraché au prévenu par la «question», ensemble de tortures effrayantes et continues. Qu'il fût le coupable réel ou idéal, désigné par la vindicte sociale ou populaire, soumis à un tel traitement, il ne tardait guère à avouer la vérité que l'on souhaitait entendre.

Au XVIIe siècle, pendant l'affaire des Poisons, on appelait l'arsenic la «poudre de succession» parce qu'il permettait aux enfants impécunieux de hâter un héritage qui tardait à venir, en expédiant leurs parents dans l'autre monde, avec un procédé produisant peu ou prou les symptômes d'une péritonite. C'est dire que l'on ne savait pas même reconnaître, à une époque où les autopsies étaient pratiquement interdites, un poison minéral qui laisse pourtant dans les intestins des traces indéniables parce qu'il ne s'élimine pas. Si bien que l'empoisonnement était un crime plus lourdement puni que les autres, puisqu'il était à peu près indétectable. C'est un médecin, Mathieu-Joseph Bonaventure Orfila (1787-1835), qui invente la toxicologie, et la profession de médecin-légiste commence à s'imposer. Mais ce n'est qu'en 1836 que James Marsh met au point le premier appareil de dépistage de l'arsenic dans des tissus humains, viscères ou phanères (poils et ongles, grands conservateurs de substances toxiques). Il faut attendre 1881 pour qu'une salle d'autopsie digne de ce nom soit créée à Paris, par le Pr Paul Brouardel.

Le crime par empoisonnement fut longtemps impuni, parce que indécelable jusqu'en 1836. Hélène Jegado (ci-dessous), une servante bretonne, fut guillotinée en 1851 pour avoir empoisonné à l'arsenic 37 personnes de son entourage. À partir du milieu du XIXe siècle, les recherches médico-légales ont essentiellement pour objectif de déterminer, selon la coloration des organes, s'il y a eu empoisonnement (à droite, en haut, une gravure illustrant ces recherches).

L'EMPOISONNEUSE HÉLÈNE JÉGADO,

Accusée d'avoir attenté à la vie de 37 personnes, dont 25 ont succombé.

Le stade artisanal du travail policier

Le Vautrin de Balzac avait camouflé la flétrissure imprimée au fer rouge sur son dos en s'arrachant les chairs avec un crochet. Depuis l'abolition de la marque au fer rouge (loi du 31 août 1832), la police rencontre de bien grandes difficultés à identifier les criminels récidivistes, les «criminels d'habitude». François Vidocq (1775-1857), un ancien bagnard devenu chef de la Sûreté en 1811, tenta de pallier l'absence de fichier fiable en recrutant des inspecteurs «physionomistes», et en recourant massivement à des indicateurs, choisis dans la pègre, payés à chaque identification d'un repris de justice. Les résultats furent probants.

La salle des morts de l'ancien Hôtel-Dieu (ci-dessous, en 1892) servait à des autopsies qui s'apparentaient aux «leçons d'anatomie».

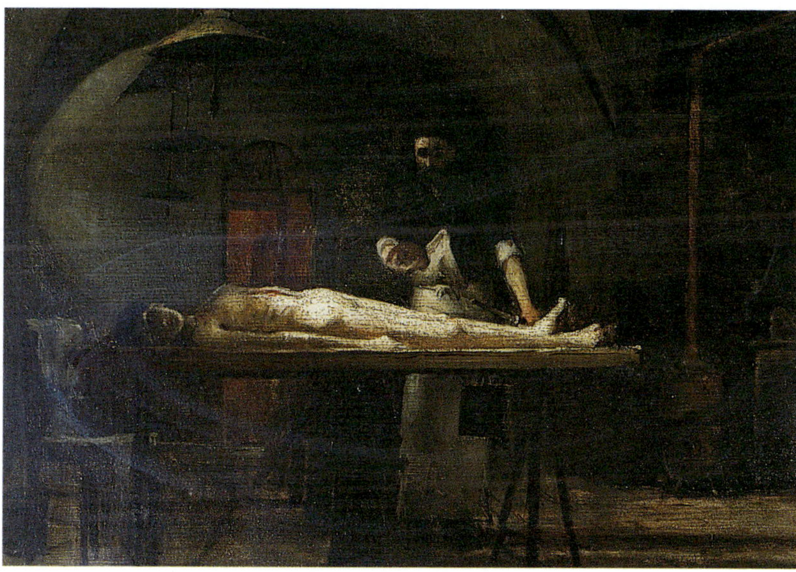

Mais cette «méthode» a des limites. Le témoignage lui-même n'est pas toujours fiable.

Les stigmates du criminel

Les criminalistes, comme le médecin turinois Cesare Lombroso (1836-1909), pensent qu'il existe une prédisposition au crime : comment l'identifier? Quels traits aideront à reconnaître le criminel avant même qu'il ait commis un quelconque délit? On croit encore aux règles de la physiognomonie énoncées par Lavater (1741-1801), selon lesquelles un trait de caractère se traduit dans l'expression faciale. On fait également siennes les théories «phrénologiques» de Gall (1738-1828), fondateur de la «craniologie» : «science» des bosses du crâne, chacune supposée correspondre à un don, ou à un vice. L'ouvrage de Lombroso, *L'Uomo delinquente* (1876), propose une topographie du «criminel-né». Lombroso a examiné 5 907 délinquants et mesuré 383 crânes. Le criminel, conclut-il, se caractérise par une asymétrie crânienne et une plagiocéphalie (crâne aplati)

La phrénologie, ou l'art de l'«éloquence des crânes», emporte l'adhésion de tous les scientifiques (ci-dessous, une gravure extraite d'un ouvrage de F. J. Gall). En 1882, la Société française d'Autopsie hérite du crâne de Léon Gambetta. Son cerveau ne pèse que 1 160 grammes quand l'encéphale moyen d'un Parisien avoisine les 1 350 grammes. Consternation : le grand républicain était un débile mental et un assassin en puissance, selon les critères de la phrénologie!

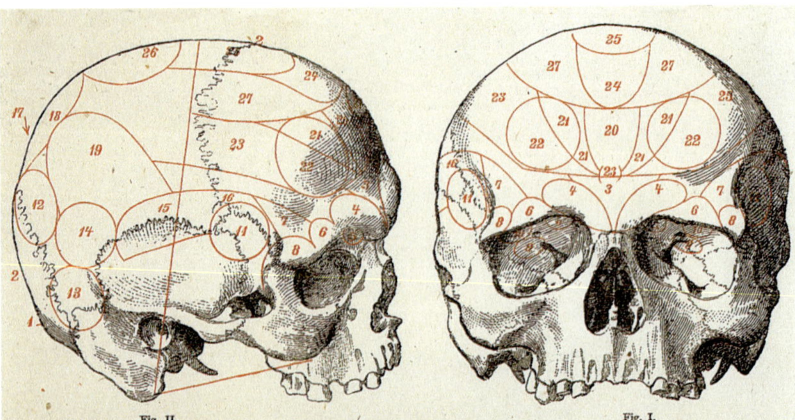

Fig. II. Fig. I.

Crânes avec des indications d'après Gall

(A.D.)

1. L'organe de l'instinct sexuel, Fig. II.
2. L'organe de l'amour des enfants, Fig. II.
3. L'organe de la faculté d'éducation, Fig. I. II.
4. Les organes du sens des lieux, Fig. I. II.
5. Les organes du sens des personnes (dans l'orbite de l'œil), Fig. I. II.
6. Les organes du sens des couleurs, Fig. I. II.
7. Les organes du sens du son, Fig. I. II.
8. Les organes du sens des chiffres, Fig. I. II.
9. Les organes du sens des mots (dans l'orbite oculaire). Fig. I.
10. Les organes du sens des langues (dans l'orbite oculaire), Fig. I.
11. Les organes du sens artistique, Fig. I. II.
12. Les organes de l'amitié et de l'attachement, Fig. II.
13. Les organes du sens de la dispute, Fig. II.
14. Les organes du sens du meurtre, Fig. II.
15. Les organes du sens de la ruse, Fig. II.
16. Les organes du sens du vol, Fig. I. II.
17. L'organe du sens des hauteurs, Fig. II.
18. Les organes du sens de la célébrité et de la vanité, Fig. II.
19. Les organes du sens de la circonspection, Fig. II.
20. L'organe du sens critique de comparaison, Fig. I. II.
21. L'organe du sens de la sagacité philosophique (comprend le no. 20), Fig. I. II.
22. Les organes de la malice, Fig. I. II.
23. L'organe de la faculté d'instruction (embrasse les organes 16 et 20, 21 et 22), Fig. I. II.
24. L'organe de la bonhomie, Fig. I. II.
25. L'organe de la théosophie, Fig. I. II.
26. L'organe de la fermeté, Fig. II.
27. L'organe du don de représentation (embrasse le no. 24), Fig. I. II.

G.B. VENAFRO de Caspoli brigand

O..... Voleur napolitain

À la phrénologie succède l'anthropologie criminelle développée par Lombroso qui affirme la «fatalité de la constitution» d'individus prédisposés au crime. Plutôt déséquilibré que coupable, le «criminel-né» porte les indices de son forfait sur son visage. Le délit de faciès était né. Le mouvement criminologiste de Lacassagne et Manouvrier, quant à lui, met l'accent sur le rôle de l'environnement social dans l'histoire des criminels : «Votre criminel-né (s'il existe) ne passera à l'acte qu'en fonction des interactions du milieu dans lequel il naît, grandit et vit.» Lacassagne s'oppose ainsi au positivisme délirant de Lombroso.

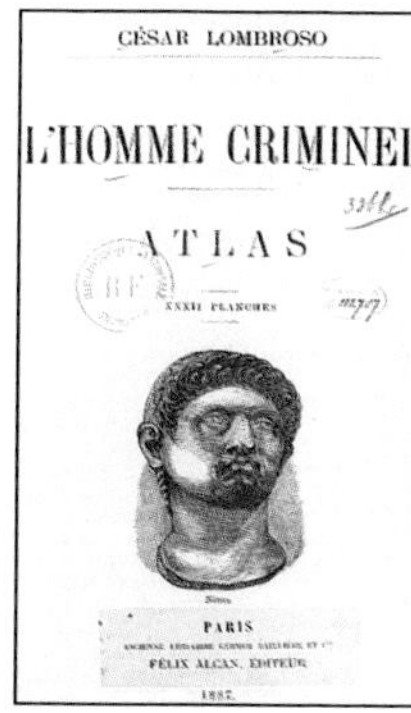
CÉSAR LOMBROSO

L'HOMME CRIMINEL

ATLAS

XXXII PLANCHES

PARIS

FÉLIX ALCAN, ÉDITEUR

1887.

quatre fois supérieure à la moyenne; l'atrophie du cœur est quatre fois plus fréquente que chez les honnêtes gens; les meurtriers sont souvent affectés de strabisme, ce qui contribue à leur aspect louche...; le regard est vitreux, froid, injecté de sang, le nez volontiers aquilin, ou crochu, les mâchoires robustes, le visage pâle. La femme criminelle est affligée d'une pilosité désordonnée. Et tous sont très fréquemment gauchers et présentent une singulière résistance à la douleur.

Tout au long du XIXe siècle, des congrès permettent aux savants de disserter doctement sur l'humérus du coupable ou l'ovaire de la meurtrière. En 1819 déjà, un employé de la Pénitentiaire, Huvet, avait proposé une «galerie de portraits des perturbateurs de la société», réalisée avec un physionotrace, appareil reproduisant l'ombre portée du profil des criminels arrêtés. Pour fantaisistes que soient ces méthodes fondées sur un déterminisme biologique, elles témoignent d'une constante préoccupation de rationalisation dans la description et l'identification des criminels.

La rationalisation de Bertillon

Qu'en est-il alors du fichage des criminels? La police parisienne a déjà fiché, en 1879, près de cinq millions d'individus. Que faire de ces morceaux de carton classés alphabétiquement et inutilisables? L'introduction de la photographie à des fins policières – à Bruxelles dès 1840 – est seule susceptible d'améliorer le système. Mais trop souvent les photographes se soucient peu d'objectivité.

En 1879, Alphonse Bertillon n'occupe qu'un emploi obscur à la Préfecture de Police; durant ses loisirs, il imagine un système de «signalement anthropométrique», à une époque où les papiers d'identité se falsifient aisément. Taille, envergure, buste, longueur du médius, de l'auriculaire, de la coudée, du pied et de l'oreille : les chiffres inscrits désormais sur sa fiche d'identité servent à reconnaître n'importe quel criminel déjà passé par les services de police.

Bertillon expérimente son système en 1882 sur les détenus du Dépôt parisien et identifie, moins de trois mois plus tard, un premier récidiviste. Puis 49 autres durant l'année 1883, et 241 en 1884. La réussite ne va pas sans encombre. Les défenseurs

Les premiers travaux d'Alphonse Bertillon (1853-1914) sur le signalement anthropométrique des délinquants lui valurent en 1879 d'être traité de «fou dangereux» par le préfet parisien Louis Andrieux. Faisant preuve de persévérance, Bertillon (en haut, à droite, la fiche anthropométrique de son frère Jacques) met avec succès son système à l'essai auprès de ceux qui transitent quotidiennement par le Dépôt. Sa méthode pour reconnaître les délinquants récidivistes se révèle plus douce que le marquage au fer.

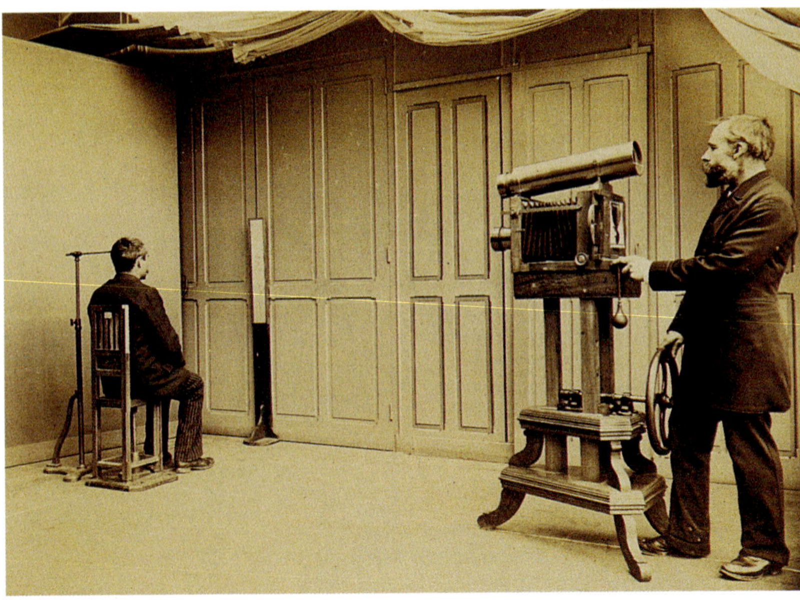

Établir des signalements à partir de mesures osseuses, auxquels s'ajoutent des photographies, profil droit et face, afin de personnaliser des fiches jusqu'alors inexploitables, voilà en quoi consiste le «bertillonnage» (page de gauche et ci-dessous).

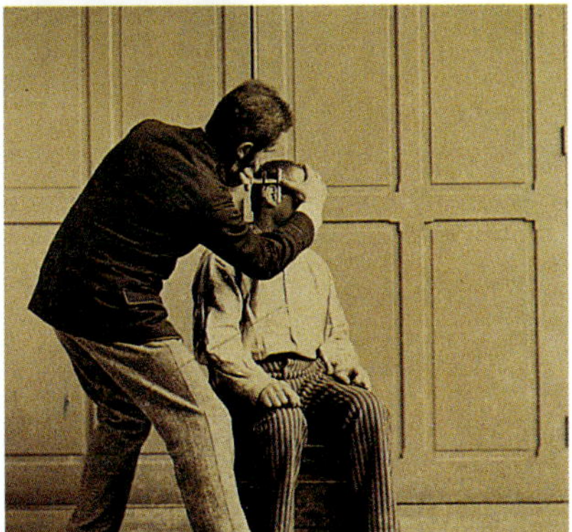

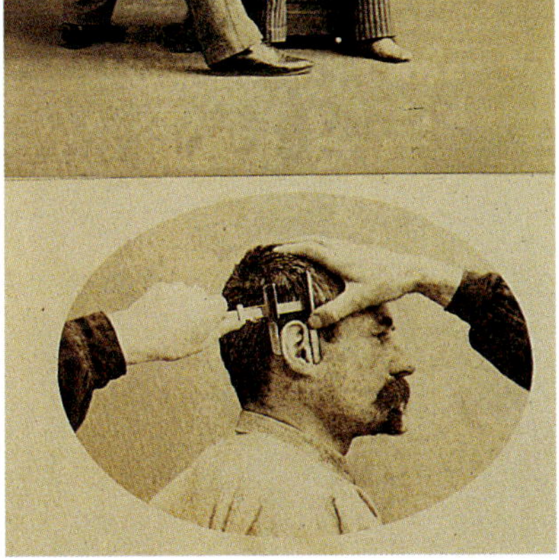

des droits de l'homme critiquent la méthode, selon eux «incertaine, vexatoire et attentatoire à la liberté individuelle». Plus d'un siècle plus tard, les mêmes critiques sont adressées aux fichiers informatiques, aux écoutes téléphoniques ou aux systèmes permettant de repérer les messageries électroniques suspectes. Le «bertillonnage» marque le premier conflit entre une méthode scientifique qui se veut sans état d'âme et la suspicion systématique de partialité de ses applications; quoi qu'il en soit, les États-Unis l'adoptent dès 1888. En 1893, l'inventeur est devenu chef du service d'Identité judiciaire – sous les combles du Palais de justice de Paris.

En 1888, Bertillon a complété son procédé avec la «photographie anthropométrique» (face et profil des détenus), et, le premier, il use de la photographie pour fixer la scène d'un crime.

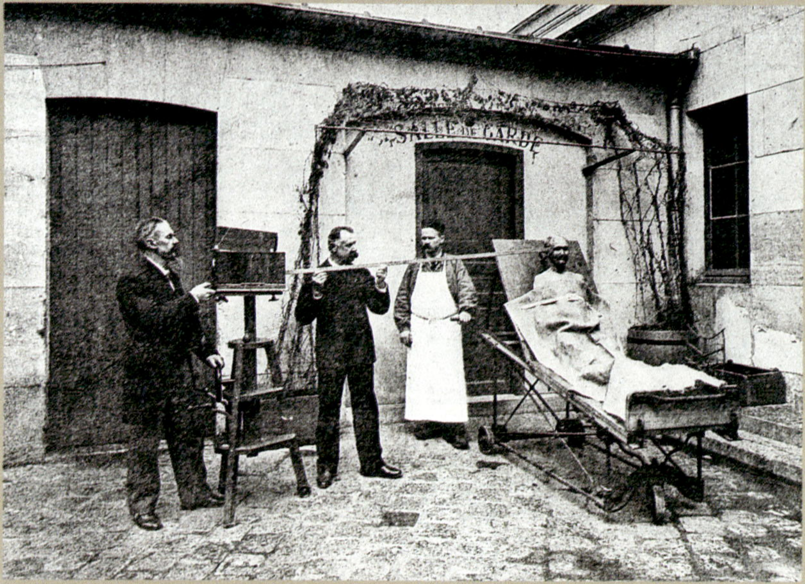
SALLE DE GARDE

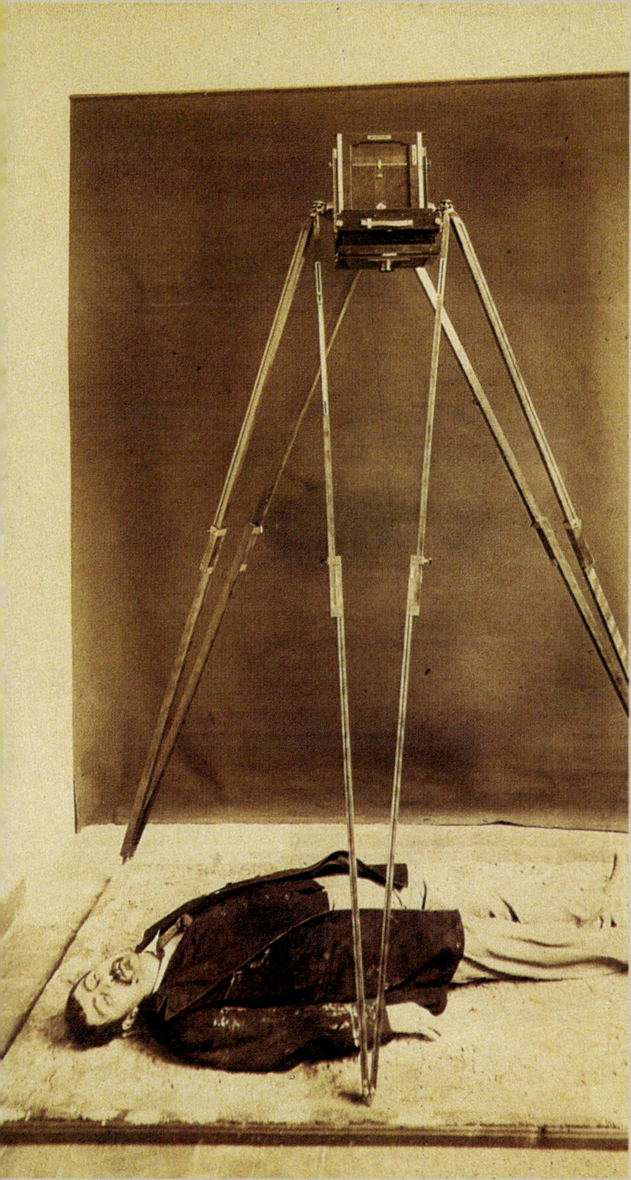

Bertillon mesure avec la plus grande rigueur : «La valeur signalétique d'une longueur osseuse, écrit-il, est directement proportionnelle à la précision de sa mensuration. Elle repose sur la fixité à peu près absolue de l'ossature humaine à partir de la vingtième année, la diversité extrême de dimensions que présente le squelette humain, comparé d'un sujet à un autre, et la facilité et la précision relative avec lesquelles certaines dimensions du squelette sont susceptibles d'être mesurées.» Le signalement anthropométrique est désormais composé de la description des marques particulières (cicatrices, tatouages, taches ou nævus, etc.), de la notation chromatique des yeux et des cheveux et du signalement descriptif du visage. En bas, à gauche, Bertillon pose avec ses collaborateurs Bourgeois et Lozé en 1883; à droite, leur laboratoire situé sous les combles du 36, quai des Orfèvres, à Paris. Bertillon est également le premier à utiliser la photographie pour fixer les caractéristiques des cadavres (à gauche en haut, dans la cour de la Morgue, et ci-contre).

L'empreinte digitale, signature originale

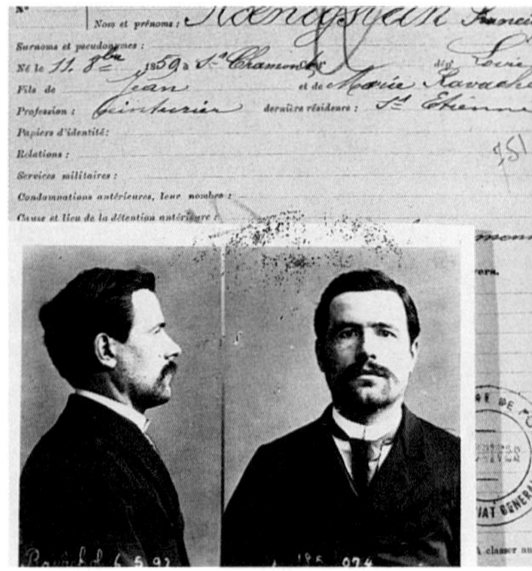

Le bertillonnage reste fastidieux et onéreux; c'est alors qu'arrive d'Angleterre un procédé plus rapide et plus sûr. En 1880, William J. Herschel (1833-1917) publie le premier article sur la dactyloscopie – le relevé des empreintes digitales. Les premiers travaux de Marcello Malpighi sur les empreintes palmaires remontent en fait à 1686; et les Chinois utilisaient des signatures par empreintes digitales depuis le ve siècle. Mais il faut attendre 1888 pour que sir Francis Galton (1822-1911) propose un système universel de description des empreintes. En 1891, le directeur des statistiques de la police de Buenos Aires, Juan Vucetich (1858-1925), en tire une méthode d'enregistrement et de classification. Le continent sud-américain l'adopte avec

C'est l'affaire Ravachol, en 1892, qui vaut à Bertillon sa notoriété auprès du grand public. Claudius Kœnigstein, dit Ravachol (ci-dessus), assassin multi-récidiviste se réclamant de l'anarchie, est arrêté et jugé : le jury, terrorisé, le condamne aux travaux forcés. Un second procès a cependant lieu, portant sur d'autres faits : Bertillon est parvenu à prouver qu'un certain Léon Léger, recherché dans la Loire pour crimes de droit commun, est le même homme que Ravachol. C'est en chantant qu'il montera à la guillotine.

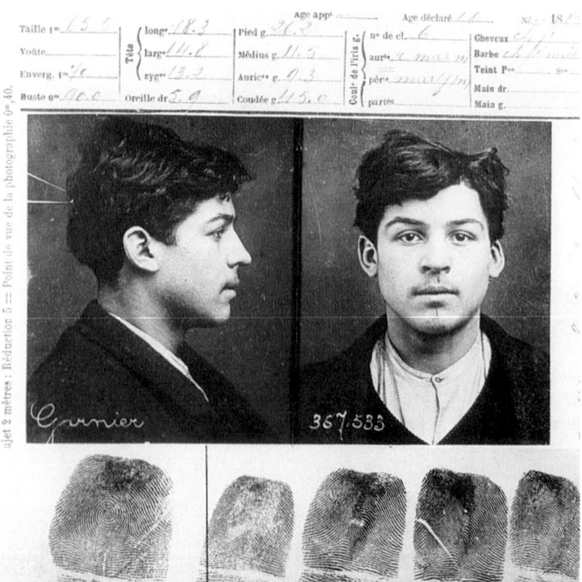

Ci-contre, la fiche anthropométrique de l'anarchiste Garnier, en 1908, revêtue de ses empreintes digitales.

enthousiasme, alors que l'Europe la boude. Edward Henry (1850-1931) a toutefois appliqué le procédé au Bengale, avant de l'expérimenter à Londres, dont il est devenu Préfet de police en 1901.

Bertillon a suivi les progrès de cette science nouvelle et, après quelques réticences d'orgueil cocardier, il l'inclut dans son système en 1896. En 1902, il réussit à identifier son premier criminel, Henri Léon Scheffer, déjà fiché pour vol, dont il relève les empreintes sur la scène d'un cambriolage aggravé d'un meurtre. L'empreinte digitale devient officiellement une preuve.

Pratiquement, le dessin de chaque doigt est désigné par un chiffre, de 0 à 8, et chaque criminel possède donc un nouveau matricule de dix chiffres. Un fichier «décadactylaire» facilite dès lors l'identification des criminels récidivistes tout autant que celle des victimes. Jusqu'à cette date, la Morgue était ouverte à tous, pour aider à l'identification des corps retrouvés sur la voie publique – ou des amnésiques. La science permet dorénavant d'en finir avec le défilé morbide d'amateurs venus se délecter de cadavres plus ou moins frais, comme Zola le racontait dans *Thérèse Raquin*.

«Morguer» se disait pour visiter la Morgue et y reconnaître les cadavres exposés (ci-dessous, dans la première moitié du XIXe siècle). L'Institut médico-légal de Paris, créé en 1823, perpétue cette coutume tout en appliquant rapidement les techniques d'identification, notamment par les empreintes digitales. De nos jours, l'Institut médico-légal est requis par le Parquet de Paris pour déterminer les causes et les circonstances des morts suspectes et d'origine criminelle.

Les vrais débuts de la police scientifique

Le Positivisme, fondant une foi absolue dans la science, s'applique aussi à la police. Le magistrat autrichien Hans Gross, dans son *Manuel du juge d'instruction*, a fixé les normes d'une nouvelle justice, reposant sur ce qui s'appellera après lui la «criminalistique».

En 1910, à Lyon, un jeune médecin, Edmond Locard (1877-1952), crée le premier laboratoire de police. Son ambition est de substituer la preuve matérielle au seul témoignage humain, si peu fiable, ou aux présomptions, souvent orientées. Il cherche, dit-il, «un mode d'administration de la preuve dans le procès pénal qui consiste dans l'analyse systématique des traces laissées par le coupable». Le premier, Locard se lance dans l'analyse des armes et des balles, des traces d'effraction, des explosifs, des poisons, et de toutes les sécrétions corporelles. Le premier encore, il utilise la photographie sous microscope. Lyon devient le laboratoire de la police nationale tout entière.

Locard à laissé son nom au fameux «échange de Locard», principe selon lequel tout individu,

Père de la police scientifique dont le domaine d'activité deviendra celui de la criminalistique, l'«étude concrète et fonctionnelle du crime», le professeur Edmond Locard (ci-dessous) fait plus que rationaliser les premières méthodes scientifiques. Il s'émancipe des théories déterministes et positivistes pour développer les techniques scientifiques qu'il place toujours au service de l'enquêteur. De fait sera induite une évolution des méthodes et de l'image de la Police judiciaire.

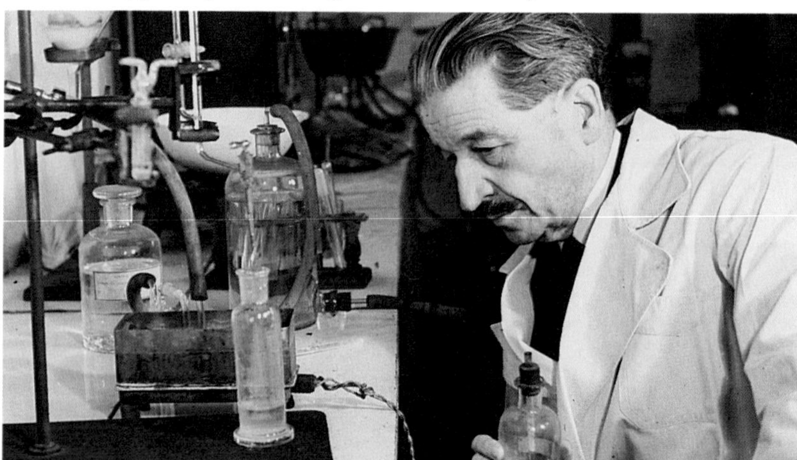

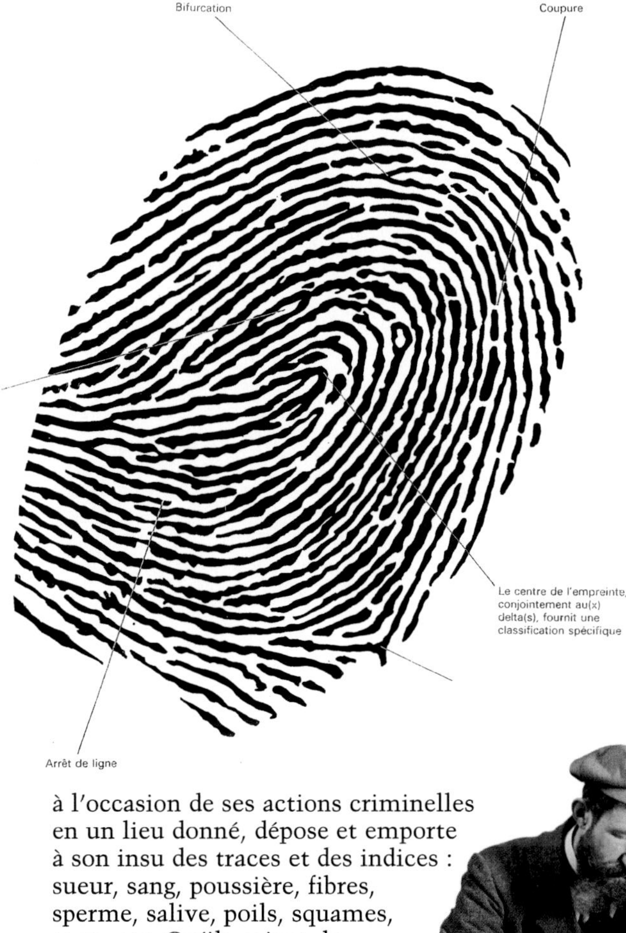

Les doigts, paumes, orteils et plantes de pieds présentent un dessin filigranique formé de crêtes aux structures variées et immuables depuis leur formation lors de la vie intra-utérine jusqu'à la putréfaction. Ces dessins ne peuvent être modifiés ni pathologiquement ni par la volonté du sujet qui les possède. Le résultat de l'apposition sur des supports réceptifs de ces zones corporelles, soumises à la sécrétion sudorale, constitue l'empreinte papillaire. La présence simultanée sur deux empreintes de douze points homologues entraîne l'identité absolue de ces deux traces. Ci-dessous, l'examen des caractéristiques d'une empreinte digitale agrandie.

à l'occasion de ses actions criminelles en un lieu donné, dépose et emporte à son insu des traces et des indices : sueur, sang, poussière, fibres, sperme, salive, poils, squames, terre, etc. Qu'ils soient de nature physique, chimique ou biologique, ces indices, une fois passés au crible d'examens de plus en plus sophistiqués, parlent et livrent le récit du crime, avant de permettre au lecteur-enquêteur de déchiffrer la signature de l'auteur-coupable.

CTION
DE
POLICE
LA
JUDICIAIRE
Cabinet de M. le Directeur
et de
MM les Directeurs Adjoin

La Police judiciaire est née à la Belle Époque, sous la IIIe République, de la volonté de Georges Clemenceau, alors président du Conseil et ministre de l'Intérieur, de doter la France d'une véritable police criminelle «chargée de seconder l'autorité judiciaire dans la répression des crimes et des délits». Les Brigades mobiles qu'il institue visent à donner à la police les mêmes moyens que ceux dont disposent les truands qu'elle doit combattre.

CHAPITRE 2

DES BRIGADES DU TIGRE AUX ANNÉES DE PÈGRE

Le prestigieux quai des Orfèvres, situé dans l'enceinte du Palais de justice de Paris, est le siège de la Police judiciaire parisienne. Bien des affaires célèbres ont été traitées derrière les portes capitonnées de sa direction (à gauche) et dans ses bureaux hantés par la silhouette du légendaire commissaire Maigret, «patron» de la Brigade criminelle.

Au début du siècle, les journaux populaires tels *Le Petit Parisien* ou *Le Petit Journal* consacrent régulièrement leur Une aux affaires criminelles. Les «exploits» des «Apaches» – surnom que se sont donnés eux-mêmes les jeunes délinquants parisiens vivant en bandes du vol et du proxénétisme – et les méfaits des bandits des campagnes remplissent leurs pages. Contre l'insécurité qui gagne le pays, ils prônent des mesures radicales et regrettent que le président de la République, Armand Fallières, élu en février 1906, gracie tous les condamnés à mort. «La prison n'effraie pas les Apaches, la guillotine les épouvante», titre ainsi l'un de ces quotidiens, illustrations à l'appui (ci-dessus).

La naissance des Brigades mobiles

Le pays est, au début du siècle, en proie à une insécurité grandissante dont tous les journaux se font largement l'écho, non sans quelques arrière-pensées politiques. Pendant qu'à Paris la Sûreté de la Préfecture de Police, créée en 1811 par Vidocq, se mobilise contre les «Apaches», des bandes criminelles organisées sèment le trouble dans les campagnes françaises. Dans le Nord, les «bandits d'Hazzebrouck», commandés par le «capitaine» Abel Pollet, attaquent et pillent les fermes (1904). Dans la Drôme, des «chauffeurs» s'en prennent aux personnes âgées isolées qu'ils torturent par le feu afin de leur faire révéler la cachette de leurs économies. Ces «travailleurs de la nuit» font 18 victimes entre 1905 et 1908. À cela s'ajoute la «caravane à Pépère», une troupe forte d'une centaine de membres, dirigée par un nommé Capello; en 1906, ils traversent la Touraine et les Charentes, perpétrant vols et escroqueries.

L'État est dans l'incapacité d'opposer à ces malfaiteurs des forces de sécurité suffisantes en nombre et en compétence. Les polices municipales, peu formées à la lutte contre les criminels d'envergure, les brigades de Gendarmerie, pauvres en hommes et en moyens, se montrent totalement dépassées par l'émergence de ces bandes armées.

Il est aberrant, pense Clemenceau, que les malfaiteurs disposent, techniquement, d'une longueur d'avance. Sur les conseils de Célestin Hennion, le directeur de la Sûreté générale, le «Tigre» fonde en 1907, par deux textes réglementaires, les structures qui vont donner naissance à la Police judiciaire d'aujourd'hui. Il s'agit de l'arrêté ministériel du 6 mars 1907 qui crée un Contrôle général des Services de Recherches judiciaires commandé par le commissaire Jules Sébille. Le décret du

30 décembre 1907 instaure, quant à lui, douze Brigades régionales de Police mobile, les fameuses «Brigades du Tigre», qui ont pour mission de combattre le crime organisé sur l'ensemble de l'Hexagone. En quelques mois, les «mobilards» enregistrent des résultats significatifs. Leur premier bilan, publié dans *Le Temps* du 21 février 1909, fait état de 2695 arrestations dont celles de 65 meurtriers, 7 violeurs, 10 faux-monnayeurs, 283 escrocs et 193 cambrioleurs ou voleurs à main armée.

Le véritable père des «Brigades du Tigre» est Célestin Hennion (1862-1915). Longtemps commissaire de police – il assurera à ce titre la protection du capitaine Dreyfus lors du procès en révision à Rennes durant l'été 1899 –, ce Nordiste est nommé directeur de la Sûreté générale en 1907 par Clemenceau, alors ministre de l'Intérieur. En 1911, il succède à Lépine comme préfet de police de Paris. Entre-temps, Hennion crée la Police judiciaire moderne et ses douze premières Brigades régionales de Police mobile, implantées dans les principales villes de province. Chacune de ces unités est composée de 15 à 20 inspecteurs divisés en 5 groupes qui se relaient 24 heures sur 24 pour effectuer les filatures, surveillances, arrestations et interrogatoires (ci-contre la 7e Brigade mobile de Bordeaux en 1910).

La Police judiciaire se distingue

Ces succès s'expliquent principalement par l'originalité du mode de fonctionnement et du champ de compétence des Brigades mobiles. Dès sa création, la Police judiciaire se distingue en effet des polices du passé par plusieurs caractéristiques qui vont s'attacher à elle jusqu'à nos jours.

Elle est d'abord une police spécialisée, exclusivement chargée, sous l'autorité des cours d'Appel, d'exercer la mission définie par l'article 8 du Code d'Instruction criminelle : «rechercher les crimes, les délits et les contraventions, en rassembler les preuves et en livrer les auteurs aux tribunaux qui ont en charge de les punir».

Toute activité de renseignement politique ou de maintien de l'ordre lui est interdite, précise une circulaire d'avril 1908. Elle travaille en liaison permanente avec les magistrats du Parquet et de l'Instruction dont elle exécute les réquisitions et délégations. Elle devient ensuite une police à la compétence territoriale étendue, ses services centraux ayant une action d'envergure nationale.

En 1912, la Police judiciaire met un terme aux agissements de la «bande à Bonnot», constituée de malfaiteurs et anarchistes qui inventent le hold-up motorisé. L'âme du groupe est Jules Joseph Bonnot (ci-contre), mécanicien et as du volant qui aurait été le chauffeur de Conan Doyle à Londres. Bonnot est tué en avril 1912 dans un pavillon de Choisy-le-Roi, où il s'était réfugié après avoir abattu à Ivry le commissaire Jouin qui venait de le découvrir caché chez un fripier du nom de Gauzy, aussitôt arrêté (ci-dessous). Capturé dès le 7 avril alors qu'il s'apprête à quitter Paris pour l'Angleterre, François Raymond Callemin, dit «Raymond la Science» (en haut à droite), sera jugé en février 1913 avec 21 autres accusés. Quatre condamnations à mort, dont celle de Callemin, seront alors prononcées.

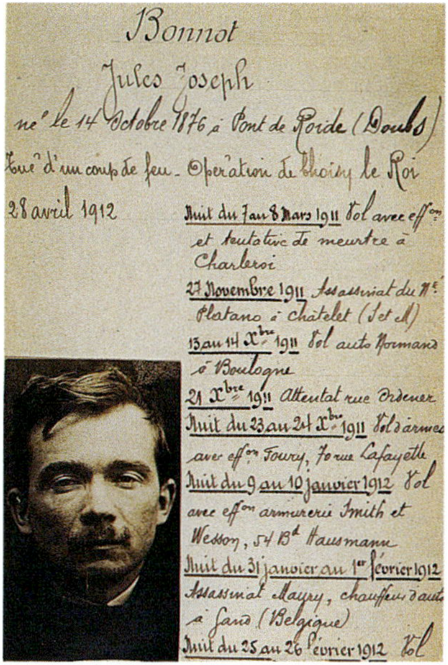
Bonnot
Jules Joseph
né le 14 Octobre 1876 à Pont de Roide (Doubs)
Tué d'un coup de feu - Opération de Choisy le Roi
28 avril 1912
Nuit du 7 au 8 Mars 1911 Vol avec eff^on et tentative de meurtre à Charleroi
27 Novembre 1911 Assassinat du Mr Platano à Châtelet (S et M)
13 au 14 Xbre 1911 Vol auto Normand à Boulogne
21 Xbre 1911 Attentat rue Ordener
Nuit du 23 au 24 Xbre 1911 Vol à armes avec eff^on Toury, 70 rue Lafayette
Nuit du 9 au 10 janvier 1912 Vol avec eff^on armurerie Smith et Wesson, 54 Bd Haussmann
Nuit du 31 janvier au 1er février 1912 Assassinat Mayry, chauffeur d'auto à Gand (Belgique)
Nuit du 25 au 26 février 1912 Vol

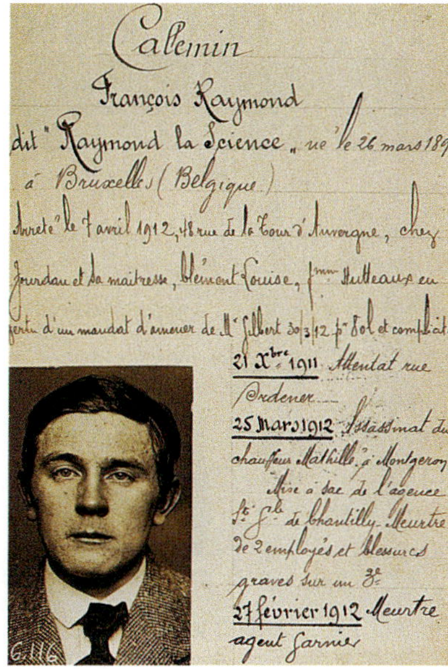
Calemin
François Raymond
dit "Raymond la Science" né le 26 mars 1890 à Bruxelles (Belgique)
Arrêté le 7 avril 1912, 48 rue de la Tour d'Auvergne, chez Jourdan et sa maîtresse, Clément Louise, f^mme Hutteaux en vertu d'un mandat d'amener de Mr Gilbert 30/3/12 p^r Vol et complicité
21 Xbre 1911 Attentat rue Ordener
25 Mars 1912 Assassinat du chauffeur Mathillé, à Montgeron
Mise à sac de l'agence Sté Gle de Chantilly. Meurtre de 2 employés et blessures graves sur un 3e
27 février 1912 Meurtre agent Garnier

Pour mener à bien sa mission, la Police judiciaire montre dès ses débuts une constante capacité d'adaptation à l'évolution des phénomènes criminels. C'est ainsi qu'en 1910, on la verra s'équiper «à l'essai» de véhicules automobiles, des berlines De Dion-Bouton et Panhard-Levassor qui s'avéreront bien utiles aux policiers lorsque, l'année suivante, il leur faudra pourchasser les membres de la «bande à Bonnot», auteurs à Paris, contre une agence de la Société Générale, du premier hold-up motorisé de l'histoire mondiale.

Les mobilards, aguerris à la pratique procédurale, au travail de filature et de surveillance ainsi qu'à l'intervention opérationnelle, sont également formés aux méthodes d'investigation technique et scientifique prônées par Alphonse Bertillon qui a fondé et dirige, depuis août 1893, le Service de l'Identité judiciaire de Paris. Les services de Police judiciaire s'appuieront de plus en plus sur les progrès de la criminalistique pour l'administration de la preuve matérielle dans le procès pénal.

Le public suit dans le supplément illustré du *Petit Journal* les actions criminelles de la «bande à Bonnot», du meurtre du commissaire Jouin à Ivry (ci-dessous) aux attaques à main armée de Montgeron et de l'agence de la Société Générale à Chantilly, en mars 1912 (pages suivantes).

LES CRIMES DE LA BANDE

A MONTGERON
Le guet-apens dans la forêt de Sénart

DES VOLEURS D'AUTOMOBILES

A CHANTILLY

L'attaque de la succursale de la Société Générale

D'une guerre à l'autre

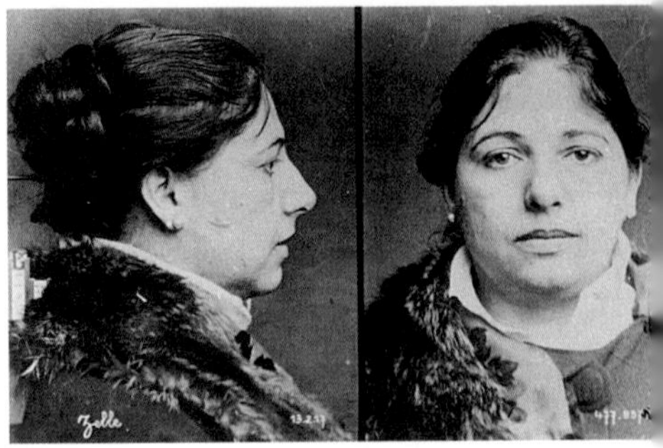

Après avoir activement participé durant toute la Première Guerre mondiale à la lutte contre l'espionnage allemand (affaires Mata-Hari, Faadt ou encore Uhrig), les hommes du Contrôle général des Services de Recherches judiciaires reprennent après l'armistice leur mission traditionnelle et diligentent plusieurs enquêtes retentissantes, à l'exemple de celle qui conduira l'inspecteur Jules Belin, de la première Brigade mobile, à l'arrestation en avril 1919 d'Henri-Désiré Landru, le «Barbe-Bleue» de Gambais.

Née en 1876 à Leeuwarden, aux Pays-Bas, danseuse et aventurière, Mata-Hari (ci-dessus), de son vrai nom Margaretha Geertruida Zelle, est convaincue, au cours de la Première Guerre mondiale, d'être l'agent H 21, une espionne qui travaille pour le compte de l'Allemagne. Elle est fusillée le 15 octobre 1917 au Polygone de Vincennes.

Condamné à mort pour l'assassinat de dix femmes dont il aurait fait disparaître les corps dans la chaudière de sa villa «L'Ermitage» à Gambais, Henri-Désiré Landru (au centre, ci-contre), qui n'avoua jamais ses crimes, est guillotiné en février 1922. Alors qu'il marche vers l'échafaud, son avocat, Vincent de Moro-Giafferi, lui demande : «Vous n'avez plus rien à perdre... Quelle est la vérité? – Désolé, maître, c'est mon petit bagage.»

L'effectif global des Brigades régionales totalise, en 1924, 85 commissaires et 290 inspecteurs tenus à une entière disponibilité. Ainsi en faut-il pour résoudre le meurtre du courtier en diamants Truphème, une affaire menée en commun par les mobilards et le commissaire Massu du quai des Orfèvres – le modèle du Maigret de Simenon – ou encore en 1929 pour rechercher, sous l'égide du commissaire Gabrielli, l'escroc notoire Clément Passal plus connu sous le pseudonyme de marquis de Champaubert.

À la même époque, dans le souci de renforcer la coopération internationale de police et dans celui de mieux combattre au plan national certains phénomènes graves de criminalité, deux textes distincts confient à la Police judiciaire de nouvelles attributions. Dès 1928, un arrêté institue au sein de la Direction centrale de la Police judiciaire le Bureau central national (le BCN-France), chargé de favoriser les échanges d'information entre les polices du monde entier, *via* Interpol, à condition de s'abstenir de toute intervention «dans des questions ou affaires présentant un caractère politique, militaire, religieux ou racial». Par ailleurs, le 11 septembre 1929, dans le prolongement d'une convention internationale adoptée à Genève en avril de la même année, au plus fort de la Grande Crise, la Police judiciaire accueille le premier Office central de Police judiciaire, l'Office central de Répression du Faux-Monnayage, chargé comme le seront les six autres offices instaurés par la suite (stupéfiants, banditisme, trafic de biens culturels, traite des êtres humains, grande délinquance financière, trafic d'armes et d'explosifs) de coordonner la lutte et de centraliser l'information au plan national à l'intérieur de son domaine de compétence.

La police parisienne se modernise

Afin de pourchasser les malfaiteurs motorisés, la Police judiciaire s'équipe d'automobiles. Les premières berlines, des De Dion-Bouton, sont livrées dès 1910 à Paris et dans les Brigades de Caen, Montpellier et Lyon. Après l'affaire de la «bande à Bonnot», fin 1912, le parc total des «mobilards» va s'élever à 16 limousines, dont 6 De Dion, 6 Panhard et 4 Peugeot qui disposent à l'arrière du toit d'un système permettant d'accrocher des vélos. À la même époque, un poste d'inspecteur-chauffeur est officiellement créé dans chaque service. Quelques années plus tard, la police parisienne se dote également de side-cars (ci-dessus) pour aider ses agents à intervenir plus vite dans les rues de la capitale.

OÙ EN EST L'AFFAIRE ?

Dans sa «course à l'abîme», la période de l'entre-deux-guerres est riche en événements et en dossiers criminels qui mettent à rude épreuve les spécialistes de la Police judiciaire. On les trouve ainsi associés aux investigations sur l'affaire Stavisky (1933), à la traque des terroristes impliqués dans l'assassinat à Marseille du roi Alexandre Ier de Yougoslavie et du ministre des Affaires étrangères Louis Barthou (1934), tout comme au démantèlement de la tristement célèbre «Cagoule» (1938), cette organisation secrète d'extrême droite à l'origine de plusieurs assassinats politiques et attentats.

Le 9 août 1938, trois nouvelles unités sont créées à Pau, Digne et Chambéry, faisant passer le nombre des Brigades mobiles de 16 à 19, pour faire face aux agissements criminels générés aux frontières de l'Espagne et de l'Italie par l'afflux de réfugiés et par l'activisme fasciste clandestin.

Trois ans plus tard, c'est dans une France occupée qu'intervient, le 23 avril 1941, une importante réforme législative. Elle instaure une Direction générale de la Police nationale comportant

Fréquentant des personnalités politiques, menant grand train de vie, l'escroc Alexandre Stavisky (ci-dessus, à gauche, et en haut à droite, sa photo anthropométrique), né en 1886 à Slobodka en Ukraine, est à l'origine d'un énorme scandale financier qui éclate en décembre 1933, contribuant à la chute du ministère Chautemps, au réveil de l'extrême droite et aux émeutes du 6 février 1934. Stavisky prend la fuite dès que sont découvertes ses manœuvres frauduleuses liées au Crédit Municipal de Bayonne. Il est retrouvé par la PJ dans un chalet de Chamonix où il se donne la mort en janvier 1934.

notamment trois directions actives de police dont un Service de Police judiciaire qui remplace définitivement l'ancien Contrôle général des Services de Recherches judiciaires. Par un décret du 13 mai 1941, ce Service regroupe les Sûretés et les Brigades régionales de Police mobile qui deviennent des Services régionaux de Police judiciaire (SRPJ) aux attributions étendues à la police économique et à la surveillance du territoire.

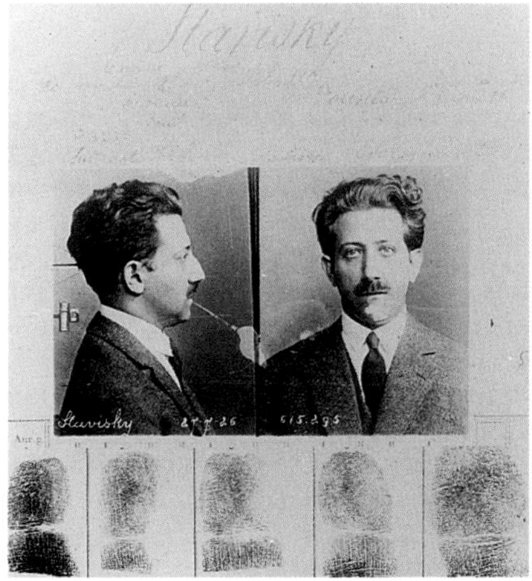

Le 27 novembre 1943, une autre loi instaure un Service de Police technique chargé «de rechercher et d'utiliser les méthodes propres à l'identification des délinquants». Celui-ci regroupe un Service central photographique et dactyloscopique, des Services régionaux et locaux d'Identité judiciaire ainsi que quatre laboratoires de Police scientifique installés à Lyon, Lille, Marseille et Toulouse.

Le 9 octobre 1934, le roi Alexandre Ier de Yougoslavie, en voyage officiel en France, est assassiné à Marseille (ci-contre) par un Oustachi nommé Kerim, qui tue également le ministre français des Affaires étrangères, Louis Barthou. Le meurtrier est abattu sur place. L'enquête de la Police judiciaire aboutira, après une course poursuite à travers la France, à l'arrestation de trois de ses complices, jugés et condamnés aux travaux forcés à perpétuité en février 1936. Elle mettra aussi en cause, comme instigateur des faits, l'ancien député croate Ante Pavelitch (1889-1959), condamné à mort par contumace.

Les années de pègre

À la Libération, la Police judiciaire est un temps rattachée à la Direction de la Sécurité publique avant de recouvrer son autonomie par un décret de janvier 1947 qui fixe à 17 le nombre des SRPJ.

L'immédiat après-guerre génère une pègre violente qui touche aussi bien la Région parisienne que les grandes agglomérations provinciales. Pour en venir à bout, la Police judiciaire se dote en 1948 d'un Groupe central de Répression du Banditisme dont la direction est confiée au commissaire Charles Chenevier.

C'est sous l'impulsion de cet ancien résistant, arrêté et déporté en 1943 au camp de Neuengamme, que l'année suivante des Groupes de Répression du Banditisme (GRB) se mettent en place dans la plupart des SRPJ afin de combattre les bandes organisées et motorisées, tel le «gang des tractions-avant», spécialisé dans le vol à main armée.

L'une des grandes figures criminelles de l'époque est Pierre Loutrel, dit Pierrot le Fou. Gestapiste avec les Allemands, FFI avec les résistants, l'homme se reconvertit dans des hold-up en série qui lui valent bientôt le titre d'«ennemi public n° 1». Sa carrière va cependant s'achever d'une façon peu glorieuse. En novembre 1946, au sortir d'un braquage, il se blesse mortellement en glissant son pistolet à la ceinture. Enterré par des complices sur l'île de Gilliers, près de Mantes-la-Jolie, son cadavre ne sera découvert par les policiers qu'au printemps 1948.

Plus long sera le parcours d'Émile Buisson surnommé l'«Insaisissable». Tueur et braqueur, condamné en mai 1943 aux travaux forcés à

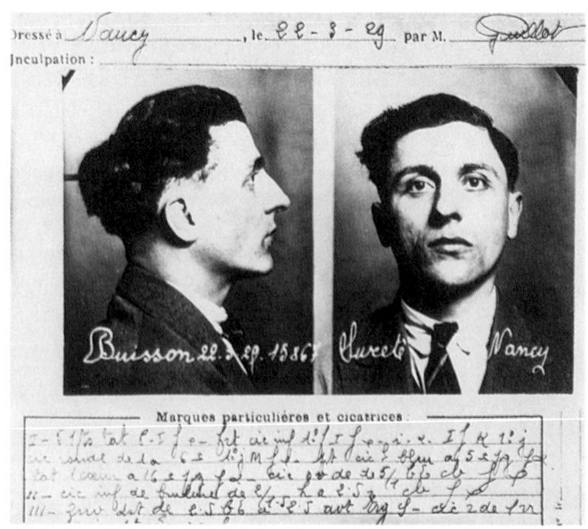

Évadé en septembre 1947 de l'hôpital de Villejuif alors qu'il purge une peine de prison à perpétuité, Émile Buisson (ci-dessous, sa photo anthropométrique) commence alors une cavale de trois ans durant laquelle il accumule attaques à main armée et meurtres. Il devient, à quarante-cinq ans, l'«ennemi public n° 1», recherché par toutes les polices de France jusqu'à son arrestation par la Police judiciaire dans une auberge d'Évreux en juin 1950. Condamné à mort, Buisson est exécuté dans la cour de la prison de la Santé à Paris, le 28 février 1956.

perpétuité, il s'évade quatre ans plus tard et se lance alors dans une longue suite d'agressions en tous genres, avant d'être capturé en 1950 par les hommes de Chenevier – dont Roger Borniche qui relatera cette arrestation dans *Flic Story* – et d'être exécuté en 1956.

Tout en combattant le «milieu» dans ses divers agissements, du meurtre au proxénétisme, du trafic de drogue au banditisme, la Police judiciaire se voit durant cette période confier l'enquête sur ce que la presse intitulera le «hold-up du siècle» : le vol durant l'été 1949, près d'une villa du Cannet, des bijoux de la Bégum, estimés à deux cents millions de francs. Malgré l'arrestation rapide des auteurs et la récupération du butin, cette affaire faillit coûter sa place à Georges Valantin, le directeur de la Police judiciaire qu'on accusa d'alimenter à l'occasion de ce dossier une rivalité ouverte entre les SRPJ et le reste de la Sûreté nationale.

À la vérité, cette «guerre des polices» existait de longue date. Faute d'une Police nationale unifiée, c'est surtout entre la Préfecture de Police parisienne et les Services centraux de Police judiciaire, également compétents sur la capitale, qu'elle fait rage. Il faudra attendre près de deux décennies encore pour qu'une loi du 9 juillet 1966 institue une police unique en France. La PJ du quai des Orfèvres devient alors un service territorial de la Direction centrale de la Police judiciaire.

Le 3 août 1949, alors qu'ils quittent leur villa «Yakimour» pour se rendre en Cadillac à l'aéroport de Nice, l'Aga Khan et la Bégum (ci-dessous) sont agressés par des malfaiteurs armés et délestés des diamants et pierres précieuses qu'ils transportent dans une mallette de cuir rouge. Très vite, l'enquête de la PJ aboutit à l'identification et à l'arrestation des voleurs et d'un employé de maison complice. La plus grande partie des bijoux, dont le célèbre diamant «La Marquise», sera récupérée par les policiers de la Sûreté nationale.

Le 36, quai des Orfèvres, visité par les photographies de Robert Doisneau. Un escalier central (à gauche) dessert les trois étages du siège de la Police judiciaire parisienne et communique avec le Palais de justice voisin. Sous ses combles, qui ont longtemps accueilli le laboratoire d'Identité judiciaire fondé par Alphonse Bertillon à la fin du XIXe siècle, le bâtiment abrite les policiers de la Brigade criminelle, avec son bureau des inspecteurs (ci-contre, en haut) et un bureau de commissaire (en bas) dont s'est sans doute inspiré l'écrivain Georges Simenon pour imaginer au travail le commissaire Jules Maigret et ses adjoints, les inspecteurs Lucas, Torrence ou Janvier. Les lieux ont aussi inspiré le cinéaste Henri-Georges Clouzot dont le film *Quai des Orfèvres* (1947) met en scène Louis Jouvet (page 40), dans le rôle d'un impitoyable commissaire aux prises avec le monde du crime. Une fois passé aux aveux, le meurtrier est conduit, à travers une cour intérieure du Palais de justice (page 41), jusqu'au Dépôt de la Préfecture de Police où il est provisoirement détenu avant d'être incarcéré sur l'ordre d'un magistrat.

Ayant pour mission de lutter contre le crime organisé, qu'il s'agisse d'actes individuels prémédités ou d'organisations collectives, la Police judiciaire compte près de 5 200 fonctionnaires. Direction active au sein de la Direction générale de la Police nationale, elle combat aussi bien le grand banditisme, le proxénétisme, les trafics de stupéfiants et d'œuvres d'art que la délinquance en «col blanc» et les organisations terroristes.

CHAPITRE 3

LES MISSIONS DE LA POLICE JUDICIAIRE

Au 36, quai des Orfèvres, siège de la Police judiciaire parisienne, le vestibule de la direction est éclairé par une spectaculaire verrière. Les trois niveaux de coursives desservent des bureaux d'enquêteurs. Ci-contre, le sigle de la DCPJ, dessiné par Raymond Moretti : une tête de panthère découpée sur le profil de Clemenceau.

Le crime parfait est celui qui n'est pas encore résolu... Si le «crime parfait» n'existe pas, la définition parfaite du crime non plus : elle varie selon que l'on privilégie la dimension sociologique, morale, pénale, humaniste, religieuse. Longtemps tenue pour un droit de la victime ou de sa famille, la vengeance était considérée comme un acte moral. Un devoir même. Le talion, connu dans la plupart des sociétés primitives, trouve son expression dans la Bible comme dans le Coran. La monnaie d'échange du préjudice subi évolue également au cours des âges : le sang versé, la réparation financière ou la sanction pénale en scellent le tribut. La notion même de sanction attachée à l'acte criminel est relative. Aussi la définition du crime se forge-t-elle au gré du droit qui élabore le concept de peine. L'acte criminel s'échoue sur les remparts de la loi pénale qui l'interdit et le sanctionne. Le crime peut donc être caractérisé par les moyens mis en œuvre par une société pour lutter contre lui.

La lutte contre le crime organisé

Le droit français ne définit pas la notion de «crime organisé», qui est la cible de la Police judiciaire depuis sa création. Cette expression recouvre plusieurs réalités criminelles : l'acte individuel commis avec préméditation ou tout moyen susceptible de procurer le résultat escompté; l'acte collectif renvoyant quant à lui à deux notions. La première est celle de la bande organisée (plusieurs personnes vivant des profits tirés de leurs activités criminelles), qui agit comme circonstance aggravante pour certaines infractions telles que l'enlèvement, la séquestration, le proxénétisme, le vol, les violences volontaires; la seconde est celle de l'association de malfaiteurs qui est retenue pour les crimes caractérisés en matière de grand banditisme, de terrorisme et de trafic international de stupéfiants. Ces crimes, qui sont ceux dont la presse se fait le plus volontiers l'écho, ne

La lutte contre les contrefaçons a conduit les services de la Police technique et scientifique à s'orienter vers de nouvelles sécurités pour la carte professionnelle des policiers (ci-dessous). Depuis 1995, le corps des inspecteurs de la PJ a été remplacé par celui des officiers qui se décline en grades de lieutenant, capitaine ou commandant.

Si cette réforme d'unification prenait en considération le fait qu'un officier était à même de remplir autant les tâches de la Sécurité publique que celles de la PJ, il n'en reste pas moins que les différences de missions et d'état d'esprit perdurent. Quant au corps des commissaires, il est resté inchangé.

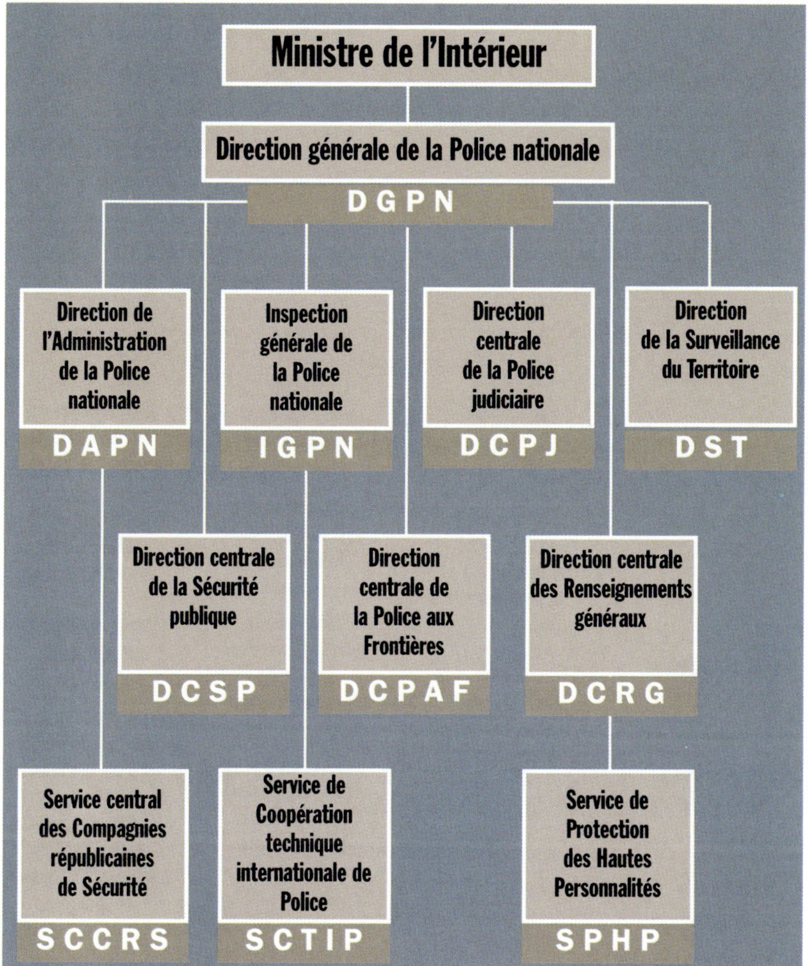

représentent qu'une faible partie des activités délictueuses. La délinquance ponctuelle ou d'occasion, qui crée le sentiment d'insécurité, surtout depuis que la criminalité a explosé au cours des années 1970-1980, est de la compétence de la Police urbaine de Proximité (PUP), de la Sécurité publique ou de celle de la Gendarmerie nationale.

La Direction centrale de la Police judiciaire (organigramme détaillé page suivante) est l'une des sept directions de la Police nationale.

DIRECTEUR CENTRAL DE
DIRECTEUR

SERVICES CENTRAUX

SOUS-DIRECTION DE LA POLICE TECHNIQUE ET SCIENTIFIQUE

- Conseiller scientifique
- Division de la Logistique opérationnelle
- Centre national de Recherche de Documentation et de Formation
- Service central d'Identité judiciaire
- Service central de Documentation criminelle
- Service central des Laboratoires

SOUS-DIRECTION DES AFFAIRES CRIMINELLES

- Division de la Logistique opérationnelle
- Division nationale pour la Répression des Atteintes aux Personnes et aux Biens
- Office central pour la Répression du Banditisme
- Office central de Lutte contre le Trafic des Biens culturels
- Office central pour la Répression de la Traite des Êtres humains
- Division nationale anti-terroriste
- Office central pour la Répression du Trafic illicite des Stupéfiants
- Office central pour la Répression du Trafic des Armes, des Munitions, des Produits explosifs et des Matières nucléaires, biologiques et chimiques

SERVICES

Direction régionale de la Police judiciaire de Paris

(Paris, Hauts-de-Seine, Seine-Saint-Denis, Val-de-Marne)

LA POLICE JUDICIAIRE
CENTRAL ADJOINT

SOUS-DIRECTION DES AFFAIRES ECONOMIQUES ET FINANCIÈRES

- Division de la Logistique opérationnelle
- Division nationale pour la Répression des Escroqueries et des Fraudes
- Division nationale pour la Répression des Faux Moyens de Paiement et des Contrefaçons
- Office central pour la Répression de la Grande Délinquance financière
- Office central pour la Répression du Faux-monnayage
- Division nationale des Investigations financières
- Brigade nationale des Enquêtes économiques

SOUS-DIRECTION DES LIAISONS EXTÉRIEURES

- Division des Études et de la Prospective Service central d'Étude de la Délinquance
- Division du Contrôle technique
- Division des Relations internationales OIPC - Interpol Schengen Europol
- Division de la Formation et de la Communication

TERRITORIAUX

19 Services régionaux de Police judiciaire

(jaccio, Angers, Bordeaux, Clermont-Ferrand, Dijon, Lille, Limoges, yon, Marseille, Montpellier, Nancy, Orléans, Pointe-à-Pitre, Reims, Rennes, Rouen, Strasbourg, Toulouse, Versailles)

L'évolution de la criminalité et le déplacement des foyers de délinquance a très tôt conduit à une spécialisation des services de la DCPJ : deux sous-directions, pour les affaires criminelles ou économiques et financières, regroupant sept Offices centraux, puis deux autres, chargées de la Police scientifique et technique et des Relations extérieures. Ses services, qui ont compétence sur l'ensemble du territoire national, établissent chaque année plus de 24 000 procédures judiciaires. Les Offices exigent une grande technicité policière et juridique : à leur mission répressive s'ajoute un travail de centralisation des informations et de formation des autres forces de police. Dix-neuf Services régionaux de PJ sont implantés en province. La faculté d'adaptation est également une de leurs caractéristiques : dès 1949, des Groupes de Répression du Banditisme (GRB) sont mis en place, puis une section des Stupéfiants à Marseille pour lutter contre la «french connection». Plus récemment, la délinquance des cités a entraîné la création de Brigades régionales d'Enquêtes et de Coordination (BREC).

Le grand banditisme

L'Office central de Répression du Banditisme (OCRB) a en charge la lutte contre la criminalité organisée violente, et son champ d'action recouvre les associations de malfaiteurs, notamment spécialisées dans les vols à main armée, les rackets aggravés, l'enlèvement de personnes sous condition (avec demande de rançon), les règlements de comptes (homicides volontaires commis dans le milieu ou par le milieu).

Les arrestations dans ce domaine mettent en évidence une grande diversité des profils criminels qui varient de l'équipe spécialisée de malfaiteurs chevronnés au braqueur solitaire. Interpellé en 1997, le «Solitaire au cartable» fut l'auteur de la plus grande série de braquages de ces dernières années avec plus de cinquante hold-up commis depuis 1991 en Champagne et en Picardie. Gérant de société, il était inconnu des services de police.

Le démantèlement de l'«équipe des casinos» amena à neutraliser une bande de gens du voyage

Le grand banditisme d'après-guerre compte de nombreux caïds qui ont largement inspiré la fiction : les Guérini de la cité phocéenne, dont le célèbre «Mémé», les frères Zemmour, de Sétif, le «gang des Lyonnais»... Dans les années 1970, entre les coups de filet de la police et les règlements de comptes entre clans, le «Paris-Lyon-Marseille» cède sa place à d'autres bandes, dont celle de la «banlieue sud». Toutes diversifient leurs activités (drogue, prostitution, trafic d'œuvres d'art), mais elles n'hésitent pas à multiplier les braquages d'établissements bancaires (ici, à Paris, en 1974, avec une prise d'otages).

rayonnant depuis les Yvelines et à qui il sera imputé, outre une série d'attaques de casinos sur l'ensemble de l'Hexagone, l'assassinat d'un gendarme et diverses agressions sur des bijouteries, de multiples vols d'armes et de véhicules, et des rodéos s'accompagnant d'ouverture de feu. Si les attaques à main armée, notamment à l'encontre des banques, sont en baisse, celles de sociétés de transports de fonds et de prestataires de services sont en nette progression, faisant régulièrement des morts dans les rangs du personnel de sécurité.

L'Office central de Répression du Banditisme conjugue ses actions avec les Services régionaux de Police judiciaire et les Brigades parisiennes. De plus, l'OCRB est également compétent pour traiter des évasions de prison, celle de Clairvaux en septembre 1992 ayant été récemment la plus spectaculaire. Enfin, en ce qui concerne les extorsions, les saisines restent limitées à quelques menaces d'empoisonnement de produits de certains groupes alimentaires.

Dans les années 1990, de multiples attaques spectaculaires de fourgons blindés ou de dépôts de fonds de sociétés de convoyage sont perpétrées par des équipes agissant en commandos suréquipés, faisant le plus souvent usage de leurs armes. En réaction, une grève sans précédent des convoyeurs a paralysé l'approvisionnement des banques en 2000. Des commissions de sécurité réunissant les représentants des sociétés concernées, les forces de police et de gendarmerie et les plus hautes autorités tentent de trouver les réponses appropriées tant au plan répressif que préventif.

Les trafics d'êtres humains...

L'Office central pour la Répression du Trafic des Êtres humains (OCRTEH) concourt à lutter contre le travail clandestin et le proxénétisme, qui regroupe plusieurs réalités : les organisations de malfaiteurs issus du grand banditisme qui exploitent la prostitution de jeunes femmes sur l'ensemble du territoire, avec de possibles prolongements à l'étranger; les groupes ethniques qui prêtent assistance à la prostitution d'étrangers, la plupart du temps dépourvus de titre de séjour, et sur lesquels ils exercent un véritable racket.

Une législation récente lui permet également de lutter contre le «tourisme sexuel», notamment en poursuivant dans leur pays les auteurs des délits perpétrés à l'étranger (Asie, Maghreb, Caraïbes, etc.) au préjudice des mineurs vivant dans la misère, tant éducative que financière.

La prostitution récente des femmes venues des pays de l'Est est souvent liée au crime organisé. Si la prostitution n'est pas une infraction, le proxénétisme est un délit qui est sévèrement réprimé. Allant de pair avec le blanchiment d'argent ou avec une délinquance violente aux ramifications internationales, il relève de la PJ. Quant aux nuisances sur la voie publique que la prostitution engendre, elles sont traitées par la Sécurité publique et la Police urbaine de Proximité.

... et d'œuvres d'art

Le trafic de biens culturels, deuxième au monde après celui des stupéfiants, était naguère le fait de malfaiteurs spécialisés. Aujourd'hui, le milieu du banditisme traditionnel, adoptant la technique de commando, s'ouvre de plus en plus à ces trafics comme moyen de recyclage de l'argent sale. L'Office central de Lutte contre le Trafic des Biens culturels (OCBC) possède, outre sa mission répressive, une mission de prévention qu'il exerce comme consultant auprès du ministère de la Culture, des associations, compagnies d'assurance, syndicats d'antiquaires, ainsi que de l'UNESCO. Il participe à l'élaboration de la législation protégeant les biens culturels. Ses fonctionnaires bénéficient d'une formation continue dispensée par l'Institut des Études supérieures des Arts et participent à la formation de fonctionnaires étrangers.

La photothèque TREIMA (Thesaurus de Recherche électronique et d'Imagerie en Matière artistique), banque de données unique au monde dont sont équipés les services spécialisés dans les œuvres d'art, centralise les photographies des objets volés, 25000 aujourd'hui, et en facilite la diffusion rapide. En cas de découverte d'objets suspects, elle permet d'en établir l'origine frauduleuse. Par ailleurs, Interpol édite, sous la forme d'un CD-rom, une base de données comprenant plus de 14000 références et qui détaille les pièces dont l'exportation est règlementée.

Écouen retrouve ses tapisseries

Les six magnifiques pièces du XVIe siècle ont été découvertes chez deux receleurs néerlandais.

Mars 1996 : six tapisseries d'une valeur de 15 millions sont volées au musée national de la Renaissance. Les cambrioleurs n'ont pas pu être identifiés mais les tapisseries ont été retrouvées dès avril aux Pays-Bas, chez deux receleurs. À l'occasion de cette affaire, Bernard Gravet, alors directeur central de la Police judiciaire, énoncait : «Il y a un blanchiment des œuvres d'art comme il y a un blanchiment du marché de la drogue.»

Trafics de stupéfiants

Avant la fin des années 1960, l'usage de stupéfiants, et par conséquent leur trafic, ne représentait qu'un phénomène marginal. C'est à cette période que se révèle l'existence d'une organisation au sein de la pègre marseillaise : la «french connection», un vaste réseau de laboratoires travaillant à la transformation de la morphine-base en héroïne, principalement à destination des États-Unis.

Le renforcement en 1971 des services de police, la coopération entre les polices française et américaine (*Drug Enforcement Administration*) et l'exploitation par les Américains du système des «repentis» aboutissaient en 1974 à son démantèlement. Depuis, la France n'est ni un pays de production ni de transformation. En revanche, la consommation y est en pleine croissance.

Dès les années 1974-1975, l'approvisionnement de drogue se fait sous la forme d'un «trafic de fourmis» : les héroïnomanes se sont tournés vers les Pays-Bas où se sont implantés des trafiquants chinois agissant

Le trafic international de stupéfiants s'amplifie chaque année : les chiffres dénotent une inquiétante augmentation. En France, pour la seule année 1999, 67 t de cannabis, 203 kg d'héroïne, 3 600 kg de cocaïne, 10 kg de crack, 10 000 doses de LSD, 1 860 000 cachets d'ecstasy et 230 kg d'amphétamines ont été saisis par la PJ, mais aussi par la Sécurité publique, les Douanes, la Gendarmerie et la Police des Airs aux Frontières. Le chiffre d'affaires annuel de ce trafic mondial est évalué à 500 milliards de dollars.

au sein d'organisations criminelles (les triades). Alors qu'ils se chargeaient d'importations en grandes quantités, ils laissaient aux Maghrébins le «deal de rue». Des filières turques, maghrébines et pakistanaises sont venues concurrencer ces organisations chinoises. Elles jouent encore aujourd'hui un rôle déterminant dans la production et la distribution. De plus, depuis les années 1980, le banditisme français a pour une large part délaissé ses activités traditionnelles pour se convertir dans le trafic des stupéfiants. En parallèle, des ressortissants des pays d'Afrique noire, avec en tête le Nigeria, ont rivalisé ces dernières années sur le plan du deal avec les Maghrébins, même si on les retrouve aussi au niveau du trafic international.
La répression du trafic s'illustre par une nette augmentation des interpellations et par une évolution du marché vers toutes sortes de drogues synthétiques. Si la justice se montre plus tolérante à l'égard des simples usagers, elle reste généralement plus ferme en ce qui concerne les trafiquants. L'efficacité d'une telle lutte suppose une politique interministérielle et de coopération entre les différents acteurs sociaux et les services répressifs.

Aujourd'hui, l'Office central pour la Répression du Trafic illicite des Stupéfiants (OCRTIS) dispose de douze antennes implantées dans plusieurs pays comme Chypre, les États-Unis ou la Colombie. Il assure des missions tant opérationnelles que de formation ou d'analyse.

Le décès par overdose d'une jeune fille à Bandol en 1969 a marqué la naissance d'un nouveau fait de société : la toxicomanie des jeunes. En 1970, une loi sur l'injonction thérapeutique tentait de répondre à ce phénomène mais le deal de rue, marché des toxicomanes usagers et dealers, est aujourd'hui un phénomène préoccupant (ci-dessus, un contrôle de police dans une cité de la banlieue parisienne). En page de gauche, une saisie record de cocaïne à la Brigade des Stupéfiants de la DRPJ.

Sur le front du terrorisme

En 1986, un parlementaire disait du terrorisme qu'il était l'«introuvable définition» : figure rhétorique ou réalité multiforme? Le Code pénal ne définit pas non plus le terrorisme. Il en donne les éléments constitutifs et en caractérise la finalité. Un certain nombre d'infractions de droit commun, telles que les atteintes volontaires à la vie (enlèvement, séquestration, détournement de moyens de transport) ou les atteintes aux biens, relèvent d'actes de terrorisme «lorsqu'elles sont intentionnellement en relation avec une entreprise individuelle ou collective ayant pour but de troubler gravement l'ordre public par l'intimidation ou la terreur». Une nouvelle incrimination vise l'introduction de substance nocive dans l'atmosphère, le sol, le sous-sol ou les eaux,

Terrorisme, assassinats, trèves, séparatisme, activisme, identité, particularisme, «corsitude»... la Corse décline toutes ces facettes sur un fond polyphonique bien dissonant. Entre l'enquête de la DNAT sur l'assassinat du préfet Erignac et les accords de Matignon, l'«introuvable définition» du terrorisme n'aura jamais été plus insaisissable.

lorsque cette action est en relation avec une entreprise terroriste.

La loi du 9 septembre 1986 consacre la particularité de l'action de la lutte anti-terroriste. Elle prévoit la centralisation des poursuites en matière de terrorisme et crée la 14e Section du Parquet de Paris (3e Division aujourd'hui), qui a une compétence nationale pour poursuivre ces actes. De plus, elle étend les mesures coercitives à un certain nombre d'actes judiciaires (perquisitions de nuit autorisées, durée de la garde à vue prolongée, etc.).

La Division nationale anti-terroriste (DNAT) a pour mission de détecter, prévenir et réprimer les activités à finalité terroriste sur le territoire national. Ses investigations s'articulent autour de deux de ses manifestations : le terrorisme international et les actions des mouvements séparatistes, en particulier en Corse.

Si le but des indépendantistes suffit à justifier à leurs yeux les moyens extrêmes qu'ils emploient, la lutte anti-terroriste dispose de moyens accrus et place dans un cadre législatif d'exception les magistrats et les enquêteurs spécialisés. Ci-dessous, une conférence de presse clandestine de l'ETA, groupe indépendantiste armé du Pays basque espagnol.

36, quai des Orfèvres : la PJ parisienne

Siège de la Police judiciaire parisienne, le «quai des Orfèvres» avait accueilli en 1891 les services de la Sureté urbaine parisienne, remplacés en 1913 par la Direction de la Police judiciaire dont la compétence territoriale fut fixée en 1968 à Paris et aux départements limitrophes (92, 93 et 94). En 1971, celle-ci est devenue une Direction régionale (DRPJ) comprenant des Brigades territoriales et des commissariats de quartier regroupés en 1984 au sein de six divisions. Depuis la réforme du 18 avril 1999, les commissariats ont rejoint la Police urbaine de Proximité (PUP) et les divisions ont été réduites au nombre de trois. Les DPJ et SRPJ ont pour mission de lutter contre la grande délinquance locale, y compris économique et financière. Outre ses prestigieuses Brigades centrales, la DRPJ possède ainsi une sous-direction des Affaires financières très active dans le cadre des scandales financiers qui secouent le monde politique.

La Crim' : «qui s'y frotte s'y pique»

Au 36, le contrôle des plantons franchi, le premier escalier à gauche, classé monument historique, mène, au deuxième étage, après un sas en verre blindé, à droite à la direction feutrée de la PJ, à gauche aux bureaux discrets de l'État-Major. Recouvertes d'un lino usé, les marches exhalent une subtile odeur de tabac de pipe, sur les traces du légendaire commissaire Maigret. À la 148e marche, en face, l'enseigne «Brigade Criminelle», en lettres bleues sur fond blanc, surplombe le bureau 305. C'est là que les permanences des quelque cent enquêteurs de la Crim' sont gérées. Un étage plus haut, à droite, les coursives abritent les bureaux de la Section anti-terroriste, autour d'un filet posé depuis le jour où Nathalie Menigon, d'Action Directe, a tenté de se jeter dans le vide. De part et d'autre, et sur un étage encore, sous les combles, les bureaux étroits des hommes de la Crim' sont les témoins muets de tous les drames qui s'y nouent ou s'y dénudent, des larmes et des

Chaque année, la Crim' est saisie d'une soixantaine de meurtres nécessitant des investigations complexes. «La Brigade sort plus de 70 % des affaires qu'on lui soumet, soit 10 % de plus que nos collègues de Scotland Yard, souligne un enquêteur. Dans seulement un cas sur dix, nous travaillons sur des affaires à forte résonance médiatique, comme l'accident de la princesse de Galles. Le reste du temps, nous sommes confrontés à des crimes de droit commun. Les fonctionnaires de la Brigade doivent être aussi fouineurs que caméléons. Ici, on doit s'adapter au clochard et au ministre.».

silences, des rires à pleine gorge, rires jaunes, rires nerveux. Là-bas, au fond du couloir, le bar de l'Amicale, toute une histoire... des histoires que l'on se remémore, que l'on se raconte, que l'on fait aussi parfois, histoire de perpétuer la mémoire de la Crim'. Surnommée le «rouleau compresseur», la Crim' est composée de neuf groupes de «droico» (droit commun) et de trois Sections anti-terroristes (SAT). Depuis son origine, elle a eu à connaître toutes les affaires qui ont défrayé la chronique, et son histoire peut être lue comme le témoignage des dysfonctionnements de notre société. Les sous-sols du «36» regorgent des archives des affaires traitées : assassinats, meurtres, empoisonnements, séquestrations, enlèvements de personnes en vue d'une remise de rançon, attentats par explosifs, etc. La Crim' est saisie de ces affaires soit en raison de la personnalité de la victime, soit en raison de l'absence d'éléments au départ de l'enquête.

C'est autour de la grande table du bureau du chef de la Crim' que se tiennent les réunions de crise et que s'établissent, minute après minute, les «chronos» dans les affaires d'enlèvement avec demande de rançon. Ci-dessous, lors de l'attentat de la station de RER Saint-Michel perpétré en juillet 1995, on reconnaît le ministre de l'Intérieur Jean-Louis Debré et le préfet de Police Philippe Massoni, entourés des directeurs de la PJ et des chefs de la Brigade criminelle.

Les grandes «affaires» parisiennes

La PJ a dû faire face, dès la fin des années 1950, aux règlements de compte entre le FLN, l'OAS et le MNA (Mouvement nationaliste algérien). Une section «agressions» fut alors créée par le patron de la Crim', Max Fernet. L'un de ses inspecteurs a dit, sur cette période : «J'ai vu plus de macchabées en huit mois que durant le reste de ma carrière. Dans les cafés arabes, on balayait le sang avant de retrouver les douilles.» C'est à la suite du scandale de l'affaire Ben Barka que la loi du 9 juillet 1966 a créé la Police nationale. La Police judiciaire du quai des Orfèvres, tout en continuant d'appartenir à la Préfecture de Police de Paris, est alors devenue un service territorial de la Direction centrale de la Police judiciaire.

Une vague sans précédents d'enlèvements déferle dans les années 1970. Celui du baron Empain en 1978 marquera le tournant de la politique criminelle dans ce domaine. En dépit du retentissement médiatique de l'affaire, des pressions de la famille et de la hiérarchie, le patron de la Crim', Pierre Ottavioli, montre une détermination sans faille à ne pas céder au chantage des malfaiteurs. Depuis, la France est l'un des pays où l'enlèvement crapuleux est devenu rare, restant essentiellement pratiqué entre malfaiteurs.

Les années 1980 seront dominées par le terrorisme national et international. La rue Toullier, le Drugstore Saint-Germain, la rue Marbeuf, le Capitole, l'attentat d'Orly en 1983, les assassinats de Georges Besse et du général Audran par Action Directe, la rue de Rennes... la liste est

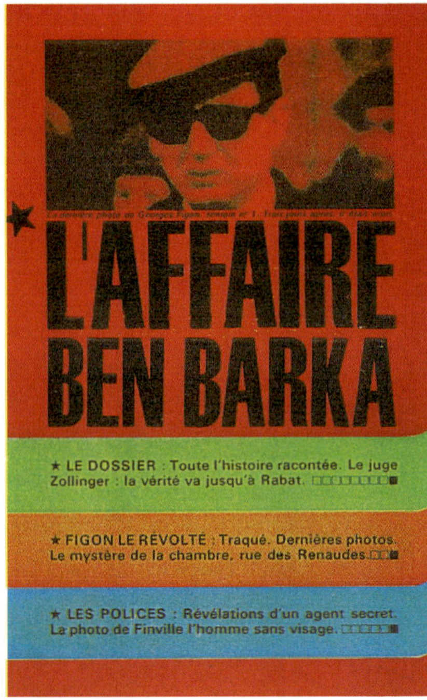

Le 29 octobre 1965, L. Souchon, de la Brigade des Stupéfiants, R. Voitot, A. Lopez, du contre-espionnage et le truand Julien Le Ny enlèvent, près de la brasserie Lipp, Mehdi Ben Barka, leader en exil de l'opposition au roi Hassan II. Ben Barka est conduit dans la villa de Georges Boucheseiche, ancien complice de Pierrot le Fou, où il a une entrevue avec le général Oufkir, ministre de l'Intérieur marocain; son corps n'a jamais été retrouvé et sa disparition reste mystérieuse.

longue et le travail des enquêteurs complexe puisqu'ils ont affaire à des hommes agissant au nom d'idéologies ou qui sont le bras armé du terrorisme d'État, notamment des pays du Moyen-Orient. Deux attentats ensanglantent la capitale au début des années 1990, perpétrés par les mouvements islamistes extrémistes. Celui du métro Saint-Michel conduira à l'identification et au démantèlement du «réseau» Kelkal.

Mais, même durant ces périodes d'attentats, dont la menace n'est jamais complètement levée, les meurtres de droit commun meublent le quotidien des enquêteurs à l'échelle nationale. Des assassinats de Traore Mamadou aux meurtres en série de Guy Georges, en passant par la cavale de Sid Ahmed Rezala, les actes criminels alimentent la chronique des faits divers dont la société se délecte.

Interpellé lors d'une fausse remise de rançon au cours de laquelle seront blessés deux inspecteurs de l'anti-gang, venus en renfort de la Crim', l'un des auteurs de l'enlèvement du baron Empain déclare au chef de la Crim' : «Quand j'ai vu la détermination de vos hommes, j'ai compris que nous ne toucherions jamais un sou.» Le baron sera libéré après soixante-trois jours de détention et les complices de son rapt arrêtés.

Ci-contre, la gare RER Port-Royal, à Paris, lors de l'attentat du 3 décembre 1996 qui a causé la mort de deux personnes et fait des dizaines de blessés.

Les Brigades de la DRPJ parisienne

Parmi les six Brigades centrales, la Brigade des Stupéfiants joue un rôle prépondérant dans la lutte contre le trafic et la toxicomanie. Outre ses groupes de voie publique très actifs, elle a la particularité de posséder une unité d'enquête qui se consacre aux surdoses mortelles et qui a pour mission d'identifier et d'interpeller les fournisseurs du produit incriminé. En 1996, une cellule financière a été créée aux fins de mener des investigations approfondies sur les aspects financiers du trafic.

La Brigade de Répression du Proxénétisme (BRP) est compétente pour la lutte contre toutes les formes de proxénétisme. La surveillance qu'elle exerce sur les milieux de la prostitution, les débits de boissons, les cabarets et les établissements de spectacle lui vaut son surnom de «brigade des trucs en plumes». Depuis 1995, elle assure la répression des infractions en matière de jeux de hasard et plus particulièrement dans l'exploitation illégale des machines à sous, croissante à Paris et dans sa région, et souvent le fait de malfaiteurs chevronnés.

La Brigade de Protection des Mineurs a une double fonction : la protection de l'enfance et de l'adolescence, la répression des infractions dont sont victimes les mineurs.

La Brigade de Répression du Banditisme a en charge la lutte contre la criminalité et la délinquance de voie publique dans leurs aspects les plus graves ou les plus spécialisés : vols à main armée et autres vols aggravés, vols par ruse ou à la fausse qualité (faux policiers, faux employés,

Le 2 novembre 1979, porte de Clignancourt, Jacques Mesrine, l'ennemi public n° 1, trouve la mort sous le feu des policiers de la BRI à la tête desquels est placé le commissaire Broussard. «Le Grand, comme nous le surnommions à la BRI, devait mourir... C'était son destin de tueur. Il l'avait énoncé, il l'avait écrit, et me l'avait même dit de vive-voix», a écrit Broussard dans ses *Mémoires*; en effet, on peut lire dans *L'Instinct de mort*, le livre de Mesrine : «Dans le fond de moi-même, j'étais un professionnel du crime [...], je me sentais encore plus dangereux et je l'étais réellement.»

etc.), certains vols simples commis par des malfaiteurs spécialisés. Par ailleurs, elle dispose d'un groupe «antiquaires» spécialisé dans les vols d'objets d'art et les faux en matière artistique. Enfin, l'un de ses groupes travaille à lutter contre le trafic international des véhicules volés.

Créée en 1964, à un moment où le grand banditisme était très actif et violent, la Brigade de Recherche et d'Intervention (BRI) a pour mission l'observation d'individus se livrant aux actes de de terrorisme ou de banditisme les plus graves, et s'attache à réunir une importante documentation. Elle est dotée d'un fichier composé de plusieurs dizaines de milliers de fiches sur lesquelles tout est consigné : curriculum vitæ, complices du dernier braquage, personnes et lieux fréquentés, habitudes, télégrammes de police ou de gendarmerie. Ses fonctionnaires n'établissent aucune procédure afin d'être disponibles à tout moment pour remplir leur mission.

Placée sous le commandement du chef de la BRI, la Brigade anti-commando fut créée en 1972 au lendemain des événements des jeux Olympiques de Munich. L'aînée du GIGN et du RAID, elle intervient notamment pour neutraliser des individus dangereux ou dans des affaires à caractère terroriste.

La PJ hors frontières : les canaux d'Interpol

Dès 1914, des juristes et des policiers de quatorze pays s'étaient réunis à Monaco lors du premier congrès international de Police judiciaire, avec le projet de constituer un fichier international des malfaiteurs et d'unifier les procédures d'extradition. Ce premier pas vers ce qui est devenu, en 1923, la Commission internationale de Police criminelle (CIPC), puis en 1956, l'Organisation internationale de Police criminelle (OIPC), Interpol, avait été imposé par l'essor d'une criminalité prenant appui sur la mondialisation des moyens de transport et de communication, des échanges financiers et commerciaux. Avec un siège central qui s'établit d'abord à Vienne avant de rejoindre Lyon, Interpol a été, pendant plus d'un demi-siècle, l'organe essentiel de la coopération policière internationale.

En France, c'est dès 1928 qu'un arrêté institue au sein de la DCPJ un bureau central national, le BCN-France, chargé d'être le point d'appui national de la coopération *via* Interpol, qui prend pour la France une nouvelle dimension quand, en mai 1961, le Premier ministre Michel Debré décide d'accompagner le processus de décolonisation par la création au sein du ministère de l'Intérieur d'un Service de Coopération technique internationale de Police (SCTIP) disposant d'antennes à l'étranger et destiné à aider les nouveaux États indépendants.

Aux termes de l'article 2 de ses statuts, Interpol a pour buts, d'une part, «d'assurer et de développer l'assistance réciproque

Avec pour adresse postale «Interpol-Paris», le Bureau Central National (BCN)-France, est placé au sein de la DCPJ qui est le correspondant unique et exclusif des services français de police ou de gendarmerie avec Interpol. Ci-dessous, au siège d'Interpol à Lyon, la carte des pays membres de l'organisation.

la plus large de toutes les autorités de police criminelle dans le cadre des lois existantes dans les différents pays et dans l'esprit de la déclaration universelle des droits de l'homme»; d'autre part, «d'établir et de développer toutes les institutions capables de contribuer efficacement à la prévention et à la répression des infractions de droit commun». Interpol agit dans le respect des souverainetés nationales.

Dans chacun des 178 États membres (1999), un BCN est désigné par les autorités gouvernementales pour assurer la centralisation des informations criminelles et leur transmission aux autres bureaux et au secrétariat général de l'Organisation. C'est par lui que transitent les demandes de renseignement et les réponses apportées, ainsi que l'entraide judiciaire internationale de droit commun.

Chaque année, ce sont près de 80 000 messages, correspondances et pièces de justice qui sont échangés à travers le BCN-France. Ce bureau assure aussi le suivi des missions des policiers ou gendarmes français à l'étranger et des policiers étrangers en France, l'instruction en liaison avec la Chancellerie de plus de 1 700 demandes d'inscription de recherches extraditionnelles et 24 700 interrogations des fichiers. Sid Ahmed Rezala (ci-dessus), le tueur présumé des trains, faisait l'objet d'une fiche Schengen. Son interpellation au Portugal, si elle faisait suite à certaines erreurs (interpellé pour vol, il avait été relaché par la police portuguaise), consacrait néanmoins l'efficacité de la coopération entre polices européennes.

Un espace européen de coopération

La prise en compte des problèmes de sécurité au sein de l'Europe communautaire trouve sa première traduction concrète en 1976 avec la création par les ministres de l'Intérieur et de la Justice des douze pays concernés du groupe «Trévi», groupe informel composé d'experts, de hauts fonctionnaires et de ministres se réunissant chaque semestre pour favoriser des échanges d'information dans les domaines du terrorisme, de la formation, de l'équipement et des techniques de maintien de l'ordre, de la lutte contre la grande criminalité.

Trévi disparaît en 1993 avec l'entrée en vigueur du traité de Maastricht (7 février 1992) qui a pour effet d'institutionnaliser ce type de coopération désormais traité par le «groupe directeur de coopération policière et douanière» où des experts de l'Union définissent notamment les priorités d'action nécessaires en matière de lutte contre le terrorisme, le trafic de drogue et contre les formes de criminalité les plus graves.

La Police aux Frontières, les services de la Douane et les autres polices européennes surveillent les passages de produits illicites ou contrefaits, ainsi que les filières internationales d'immigration clandestine particulièrement avides et cruelles. Au début de l'été 2000, les corps sans vie d'une cinquantaine d'immigrants clandestins chinois ont été découverts dans un camion frigorifique immatriculé aux Pays-Bas, contrôlé à son arrivée dans le port anglais de Douvres.

Cette coopération institutionnelle s'intéresse également au développement du Système d'Information Schengen (SIS) et d'Europol. Grand réseau informatique composé d'un système central basé à Strasbourg, le SIS tire son origine de la mise en œuvre de l'application de la convention de Schengen signée le 19 juin 1990 et prévoyant, parallèlement à la suppression du contrôle des personnes aux frontières, l'amélioration de la coopération policière, judiciaire et administrative entre les États européens signataires.

Le système d'information Schengen

Opérationnel depuis le 26 mars 1995, le SIS régit les données concernant des personnes recherchées ou placées sous surveillance, des véhicules volés, des objets signalés volés. La partie française de ce système est gérée par la DCPJ. Elle est constituée par un bureau SIRENE qui joue le rôle d'interface entre les enquêteurs d'un pays requis et ceux du pays requérant, assure la mise à jour des bases de données, le contrôle technique et juridique des fiches enregistrées, contrôle la validité des informations reçues et veille aux dispositions de la convention d'application de l'accord de Schengen.

Cette convention institue également une coopération policière entre les États signataires qui prévoit notamment une assistance aux fins de prévention et de recherche de faits punissables, un droit d'observation ou de poursuite frontalière et la communication d'informations opérationnelles.

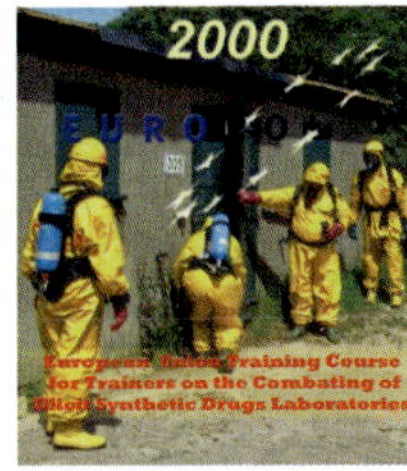

L'office européen de Police : EUROPOL

C'est en 1991 que le chancelier Helmut Kohl lance l'idée d'instituer un FBI européen. En décembre, le Conseil européen de Maastricht annonce la création d'un Office européen de Police baptisé Europol dont le rôle initial sera de prendre en charge les échanges d'informations sur les stupéfiants.

Une structure centrale européenne encore embryonnaire, l'«Unité Drogue Europol» (UDE), est créée à La Haye le 1er janvier 1994. Des Unités nationales Europol (UNE) naissent dans le même temps dans chaque pays concerné pour jouer un rôle de correspondant avec l'UDE. Signée le 26 juillet 1995, la convention Europol entre en vigueur le 1er octobre 1998 après avoir été ratifiée par tous les pays de l'Union européenne.

Installé dans la capitale néerlandaise, et placé sous l'autorité d'un directeur nommé pour cinq ans, Europol a pour mission de favoriser entre les pays de l'Union l'échange d'informations et d'analyses à caractère opérationnel dans les domaines des trafics de véhicules volés, de stupéfiants, de matières nucléaires et radioactives, traite des êtres humains, criminalité liée aux filières d'immigration clandestine, blanchiment d'argent. Cette structure centrale a pour correspondant, dans chaque pays concerné, une unité nationale qui sert de trait d'union entre Europol et les services nationaux. L'unité nationale française est abritée par la division des relations internationales de la DCPJ, qui constitue le BCN-France d'Interpol.

Seule une police européenne peut lutter efficacement contre les délits et crimes commis par des pédophiles sans scrupule organisés en réseaux internationaux et européens utilisant de plus en plus Internet (ci-dessous, une saisie de cassettes vidéo et de photographies pornographiques mettant en scène des mineurs). Il en va de même pour les trafics de nouveaux stupéfiants comme l'ecstasy (ci-dessus).

POLICE

Alerté par une série de rapports concluant tous à la carence de ce service, le ministre de l'Intérieur Pierre Joxe réorganise complètement la Police technique et scientifique en 1985. Il entend ainsi donner un nouveau souffle et des moyens à la hauteur des ambitions de cette sous-direction de la Police judiciaire qui fit autrefois le renom international des techniques policières françaises.

CHAPITRE 4

LE CRIME AU MICROSCOPE

«Mon cher Watson, ma technique réside dans l'observation des riens», disait Sherlock Holmes. Se consacrant à l'«étude concrète et fonctionnelle du crime», les policiers en blouse blanche développent une approche rationaliste des phénomènes criminels. L'œil de la justice divine s'estompe au profit de la loupe du détective puis du microscope du scientifique.

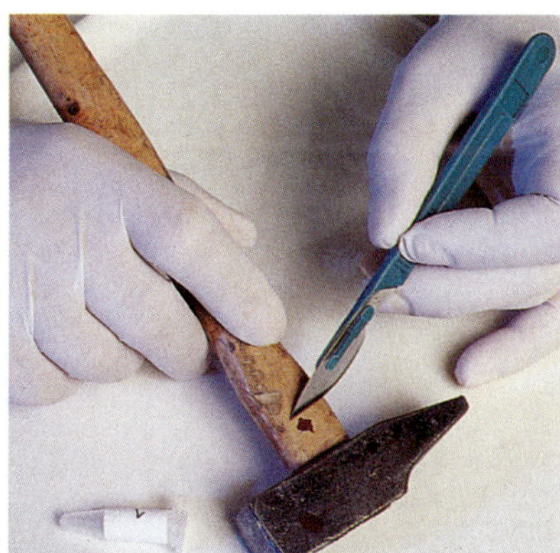

L'avancée des techniques

Entre les travaux de Locard et la revitalisation de la Police scientifique en 1985, les techniciens ne sont pas restés inactifs. Mais le manque de moyens, la sclérose des habitudes, la priorité donnée à d'autres secteurs qui monopolisent les subsides, tout concourt à limiter leur efficacité, et, du coup, à en contester l'intérêt. Les techniques ne cessent pourtant de s'améliorer. Des Américains, Calvin Goddard et Philipp O. Gravelle, mettent au point un double microscope comparateur en balistique. On sait à présent utiliser la ninhydrine pour révéler des empreintes digitales sur divers supports. Des artistes sont sollicités pour esquisser les premiers portraits-robots, largement diffusés dans la presse.

Dans les années 1950, c'est le commissaire Chabot, alors à Lyon, qui a l'idée de se servir de trois jeux de photos, pour le front et les cheveux, les yeux et le nez, la bouche et le menton, dont la combinaison aide à reconstituer n'importe quel visage, avec les retouches finales des artistes de

Les Américains ont inventé divers procédés similaires à celui du portrait-robot imaginé en France par le commissaire Chabot (ci-dessous); ainsi l'Identi-Kit de Hugh McDonald utilise-t-il 40 000 photographies recoupant tous les types humains, auxquels se superposent des films transparents (près de 500) permettant la mise en place d'éléments annexes, lunettes ou chapeaux. Ces systèmes ont finalement été informatisés dans les années 1980.

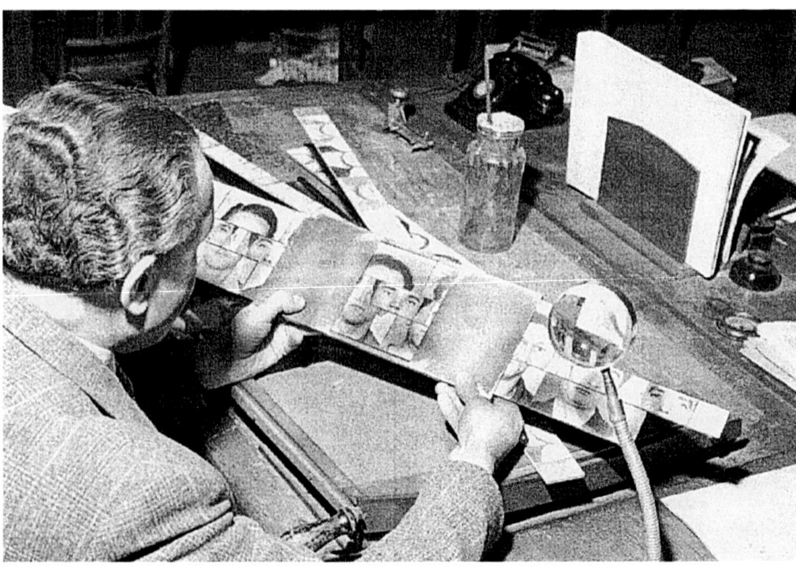

Le «portrait-parlé» de l'époque de Bertillon, fondé sur une description détaillée et systématique du visage au moyen d'un vocabulaire prédéfini, est remplacé par le portrait-robot, qui consiste en un assemblage de photographies découpées et figurant des parties du visage. Réalisé à partir de seuls témoignages dont on connaît la subjectivité, le portrait-robot, bien que de plus en plus réaliste, ne peut être fiable à 100 %. Sa diffusion dans la presse reste donc une opération délicate. Dans les années 1990, la DCPJ a cependant généralisé l'emploi du CD-FIT (portrait-robot informatisé, ci-contre) dans ses services d'Identité judiciaire. Le système donne de bons résultats : l'auteur d'une quarantaine d'agressions à caractère sexuel a ainsi pu être interpellé en 1994 grâce à son portrait-robot, bien qu'il ait été jusqu'alors inconnu des services de police. En revanche, dans l'affaire du «tueur de l'Est parisien», Guy Georges, le portrait-robot établi à l'aide du témoignage d'une de ses victimes qui avait survécu s'est révélé peu concordant.

la Police judiciaire. Depuis, la confection du portrait-robot par ordinateur est devenue pratique courante dans de nombreux pays, ce qui a rendu possible sa diffusion sur toutes les unités équipées d'un terminal dans des délais réduits.

C'est sans doute dans le domaine du fichage que les progrès les plus nets sont enregistrés. Un officier de police marseillais, René Canonge (1912-1986), imagine un fichier à entrées multiples, grâce auquel on peut identifier un malfaiteur non seulement d'après son signalement, mais aussi selon son *modus operandi*. Créé en 1950, le «Canonge» est institutionnalisé en 1957 dans les trente plus grandes villes de France – sauf à Paris… La capitale cultive sa différence, même dans le système de classement des fichiers dactylaires. Mais c'est à Paris, en 1968, sous l'autorité du préfet Grimaud, que commence une timide automatisation du fichier des empreintes, par la méthode du «corrélateur optique».

La résurrection de la Police scientifique

Pourtant, au moment même où la technique s'affine, la carence des investissements humains et financiers menace la Police scientifique. Un rapport accablant du commissaire divisionnaire Jacques Genthial tombe sur le bureau du ministre de l'Intérieur, Pierre Joxe, en 1984. Une réorganisation générale en résulte dès l'année suivante. «La Police scientifique, affirme le ministre, sera le fer de lance de la modernisation de la police.»

Le ministre fait de la Police technique et scientifique une véritable sous-direction de la Direction centrale de la Police judiciaire, confiée à Jacques Genthial. Délocalisée en 1996 à Écully, dans l'agglomération lyonnaise, elle est devenue une entité autonome ainsi qu'une aide incontournable à l'enquête judiciaire. Elle est composée de trois services centraux qui regroupent la Documentation criminelle (SCDC), l'Identité judiciaire (SCIJ) et les laboratoires de Police scientifique (SCL).

De 1985 à 1987, plusieurs décrets unifient les divers services de Police scientifique. Pour la première fois, archives, identité judiciaire, documentation et recherches criminelles marchent à l'unisson, de Marseille à Lille, de Lyon à Paris. Pour la première fois, budget et politique de recrutement favorisent une montée en puissance rapide et des avancées spectaculaires.

L'informatisation des fichiers

L'un des premiers soucis de la réforme de 1985 fut d'informatiser les fichiers épars et ingérables. Manuels, dispersés, souvent spécialisés en fonction de la spécificité de la délinquance qu'avaient à traiter les services locaux, voire parfois illégaux, les fichiers policiers ont longtemps alimenté le fantasme de «Big Brother», l'œil universel contrôlant, dans le roman de George Orwell *1984*, les activités de tous les citoyens – alors même qu'ils avaient des applications réduites, quand ils ne se révélaient pas obsolescents.

Les spécialistes de la Police technique et scientifique (ci-dessous, le siège de la PTS à Écully) sont chargés d'apporter leur aide à toutes les directions de la Police nationale exerçant une mission de police judiciaire, ainsi qu'aux enquêteurs de la Gendarmerie nationale et aux magistrats du Parquet et de l'Instruction. Depuis 1992, les scientifiques des laboratoires sont intégrés à la fonction publique. C'est la même année que la PTS a été placée sous le contrôle d'un Conseil supérieur plus particulièrement chargé des questions d'éthique soulevées par les nouvelles technologies.

Le Service central de la Documentation criminelle réunit tous ces fichiers dans un «vaste ensemble qui traite de façon automatisée l'ensemble de la documentation criminelle intéressant les divers services de police» : le Système de Traitement de l'Information criminelle (STIC) est né. Le STIC regroupe les renseignements transcrits dans la procédure judiciaire. Cette base, directement alimentée par des données issues d'actes judiciaires (plaintes, auditions et autres), contenait, au 1er février 1998, 2 838 000 mis en cause et 8 907 000 infractions. Elle permet la consultation d'antécédents, de procédures judiciaires, de listes d'objets déclarés volés ou le rapprochement entre infractions. Le STIC offre des fonctionnalités étendues en matière de recherche judiciaire (interrogations simples ou multicritères). Informatisé, le «Canonge» a facilité, pour la seule année 1997, l'identification de 10 667 malfaiteurs et la résolution de 9 790 affaires pénales.

Les techniciens d'Écully ont également pour mission d'assister les gendarmes de l'Institut de Recherche criminelle de la Gendarmerie nationale (IRCGN), en particulier dans le travail d'identification des victimes de catastrophes, comme celles survenues en mars 1999 dans le tunnel du Mont-Blanc (ci-dessus) ou en juillet 2000 lors du crash du Concorde à Garges-lès-Gonesse.

Les différents fichiers spécialisés

Le Fichier des Personnes recherchées (FPR) est alimenté par des avis de recherche nominatifs d'origine judiciaire ou administrative (recherches de police judiciaire, évadés, mineurs en fugue, aliénés disparus, recherche dans l'intérêt des familles, interdiction de territoire, etc.). Son ancêtre avait été créé par la Police judiciaire en 1907 sous la forme d'un «bulletin hebdomadaire de police criminelle» répertoriant les délinquants faisant l'objet de mandats de justice. Au 31 décembre 1997, il contenait 350 000 fiches de recherche, et vingt-cinq millions d'interrogations sont annuellement enregistrées.

Ministère de l'Intérieur
Direction Centrale de la Police Judiciaire

Avis de Recherches

Dans le cadre des enquêtes sur les
ATTENTATS COMMIS À LYON ET À PARIS
la Police Judiciaire recherche :

— KELKAL Khaled,
né le 28 avril 1971,
à Mostaganem (Algérie),

individu dangereux, susceptible d'être armé.

Photographies de 1990 *Photographie de 1993*

Tous renseignements devront être communiqués aux numé e téléphone suivants .

- Direction centrale de la police judiciaire : (1) 42 66-18 93.
- État-Major de la Direction régionale de la police judiciaire PARIS : (1) 45 44 31 82.
- Service régional de police judiciaire de LYON : 78 01 43 9

Il est rappelé qu'une forte récompense est offerte

C'est parce qu'il avait déjà été signalisé en 1990 à Lyon, à la suite d'un vol de véhicule, que Khaled Kelkal a pu être identifié en septembre 1995 à partir d'une empreinte digitale relevée sur un adhésif ayant servi à confectionner la bombe retrouvée à Cailloux-sur-Fontaine, au bord de la voie ferrée du TGV Paris-Lyon.

Le Fichier des Véhicules volés (FVV) regroupait à la même date 420 000 véhicules immatriculés, 141 000 non immatriculés et 3 300 bateaux, tous déclarés volés. Trois millions d'interrogations sont effectuées chaque année.

Ces deux fichiers, parmi d'autres comme celui des antécédents, sont accessibles par l'intermédiaire de terminaux répartis sur l'ensemble du territoire, alors que le Fichier des Brigades spécialisées (FBS), qui exploite les renseignements collectés en amont de la procédure, lors de surveillances, filatures, écoutes téléphoniques, est d'accès limité.

L'un des fleurons du Service central de l'Identité judiciaire, qui organise et contrôle l'activité des services sur le territoire national, est le Fichier automatisé des Empreintes digitales. Créé par le décret du 8 avril 1987, le FAED est un fichier national dont les applications communes à la Police et à la Gendarmerie servent à signaliser les personnes par leurs empreintes digitales, dès lors qu'elles sont mises en cause dans une procédure judiciaire, et à établir leurs éventuels emprunts d'identité ou alias. Plus de 23 000 ont pu être ainsi déterminés en 1997. 900 000 individus figurent dans sa base de données en 1997.

Autre fonction du FAED : identifier les traces papillaires relevées sur les lieux de l'infraction. En 1996, il a permis d'identifier quelque 2 350 traces se rapportant à des crimes et délits. Le succès du FAED est tel que la ville de New York l'utilise pour détecter les fraudeurs aux aides économiques dispensées par la municipalité, qui doivent désormais déposer leurs empreintes. Dans les trois mois qui suivirent sa mise en service, le nombre de demandes chuta considérablement.

Les empreintes digitales relevées sur une scène d'infraction, et non encore identifiées, sont mémorisées dans le Fichier des Traces non résolues (TNR) et comparées aux empreintes nominatives contenues dans la banque de données qui est chaque jour actualisée. Près de 66 350 traces sont dans l'attente d'être résolues grâce à leur confrontation avec toute nouvelle empreinte enregistrée. Ce système de classement a été adopté par le BKA allemand et divers comtés britanniques, preuve de sa rationalité et de son efficacité.

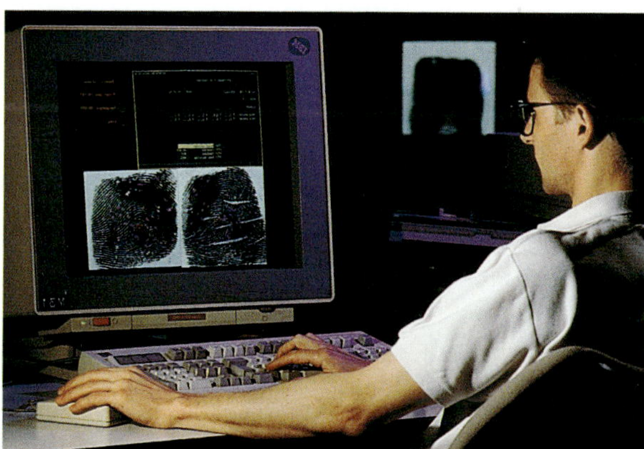

C'est l'enquête qui devra établir que les empreintes prélevées, dès lors qu'elles sont identifiées, sont bien celles de l'auteur du crime. Mais l'impossibilité de rencontrer deux empreintes identiques (les jumeaux homozygotes, au tracé génétique rigoureusement semblable, ont eux-mêmes des empreintes différentes) autorise une conclusion rapide, dans le meilleur des cas. L'identité des empreintes, en France, est une conclusion résultant de douze coïncidences graphiques (en province) ou dix-sept (à Paris), la différence provenant de l'utilisation de méthodes distinctes, et non d'un examen plus ou moins rigoureux. Aucune règle ne fixe le nombre de ces points concordants : selon les pays, ils varient de 8 à 17. Positive, la comparaison fournit des indications précises aux enquêteurs. Pour autant, elle ne peut pas donner lieu à des conclusions hâtives. La science au service de l'enquête énonce des faits, elle ne saute pas aux conclusions.

La méthode «comparative»

La base du travail de Police technique et scientifique repose sur la comparaison entre un échantillon trouvé sur le lieu du crime et un indice témoin, soit neutre, soit prélevé ailleurs au cours de l'enquête. Il en va ainsi, par exemple, de l'expertise balistique. L'examen au microscope des marques creuses laissées sur une douille par le percuteur, de rayures imprimées par les stries du canon sur une balle extraite d'un cadavre ou trouvée sur la scène de crime, permet d'identifier la signature unique d'une arme à feu. Dès qu'une arme d'un calibre identique est saisie par les policiers au cours de l'enquête, le balisticien tire avec l'arme dans un puits ou dans un caisson afin de récupérer les douilles et les balles, et les compare sous fort grossissement avec l'échantillon initial. C'est alors seulement qu'il pourra affirmer s'il s'agit de l'arme du crime, mais pas pour autant conclure que le détenteur de l'arme est l'auteur des faits.

En l'absence de comparaison possible, les prélèvements réalisés sur une scène de crime, de quelque nature qu'ils soient, restent muets. En 1984, huit dames âgées de plus de soixante-dix

Dans l'extraordinaire armurerie d'Écully, chaque arme illustre la nécessité de diversifier les outils aux fins de comparaisons balistiques, permettant en particulier de déterminer si une arme incriminée est bien celle du crime. Ci-contre, un laser est employé pour calculer l'angle et la distance d'un tir. Ces éléments se montrent très utiles à l'enquête; ils peuvent accréditer aveux et témoignages, autant qu'orienter les investigations lorsqu'il s'agit de situer l'endroit d'où un coup de feu a été tiré.

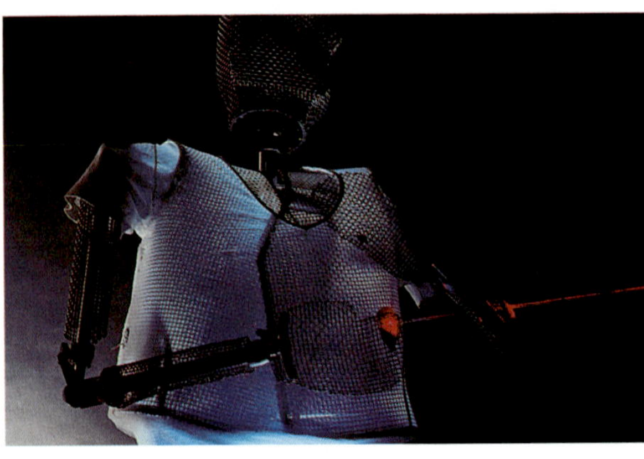

ans furent assassinées sauvagement à Paris et leurs valeurs dérobées. Cette première vague de meurtres cessa soudain pour déferler à nouveau en 1986, faisant une dizaine de nouvelles victimes. Grâce au témoignage de l'une d'elles, un portrait robot était établi et, le 1er décembre 1987, Thierry Paulin était arrêté. Oisif et toxicomane, il expliqua aux fonctionnaires de la Crim' qu'il tuait pour se procurer de l'argent. Mais après sa première vague de meurtres, Thierry Paulin avait été arrêté à Toulouse pour un délit mineur et signalisé dans cette ville. En l'absence de système centralisé autorisant une comparaison rapide, l'empreinte dont disposait la Crim', relevée sur l'une de ces scènes de crime, restait inexploitable. Il est aujourd'hui certain que le FAED aurait pu sauver plusieurs vies.

Tout aussi probantes que les empreintes, les analyses maxillo-dentaires ont été pour la première fois exploitées en 1897 pour identifier les victimes carbonisées dans l'incendie du Bazar de la Charité. Là encore tout repose sur la comparaison avec les fiches dentaires établies du vivant des victimes par les dentistes. Au pire, l'analyse physico-chimique des ciments ou des matériaux composites, comparés avec les produits utilisés par les odontologues, donnera des conclusions presque sûres. De même, l'état des dents (souvent les seules parties d'un corps observables, après décompositon ou carbonisation, à cause de leur résistance naturelle) permet de déterminer le sexe et l'âge du sujet. L'étude de l'acide spartique, qui réfléchit diversement la lumière selon l'âge, est ainsi très révélateur.

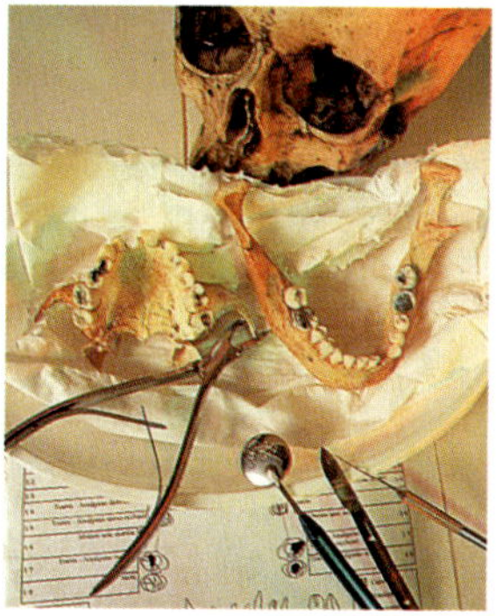

L'identification dentaire est fondée sur une comparaison entre éléments fiables *ante mortem* (recueillis auprès des proches du défunt) et *post mortem* (recueillis sur le cadavre). Il s'agit pour l'expert de démontrer la concordance entre plusieurs éléments observables : aspect des racines, pathologies, traces de restauration, présence de couronne, de prothèse, etc. Elle est souvent le meilleur moyen d'identifier des cadavres lorsqu'ils sont dans un état de décomposition avancé.

La révolution de l'analyse génétique

L'utilisation de l'empreinte génétique connaît également des difficultés. Dans l'affaire du «tueur de l'Est parisien», Guy Georges, interpellé en mars 1998, et qui a avoué être l'auteur de sept viols et meurtres de jeunes femmes, ainsi que d'une tentative, la PJ disposait d'empreintes génétiques.

En l'absence de fichier comparatif, elles restèrent muettes pour les enquêteurs : «Si nous avions eu un tel fichier, trois, voire quatre vies auraient été sauvées».

La technique de l'empreinte génétique a pourtant été mise au point dès 1985 par un professeur à l'Université de Leicester, Alec Jeffreys, et repose sur le décryptage des séquences chimiques qui composent l'ADN (adénine, cytosine, guanine et thymine), différentes chez chaque individu. Parce que l'ADN attribue à chaque être humain un code unique – la signature chromosomique –, le test permet autant de confondre que de disculper un suspect. Les prélèvements sont parfois effectués sur des quantités infimes d'échantillons d'origine biologique (sang, sperme, salive, urine, cheveux, poils, os, dents). La section «Biologie» des laboratoires de Police technique et scientifique a pour mission l'analyse de ces traces corporelles liées à la scène du crime. Ses applications concernent principalement les affaires d'homicide, les agressions sexuelles, les recherches de parenté et l'identification des cadavres anonymes. L'analyse ADN tend à se développer dans les enquêtes criminelles – plus de 2000 par an – et dans les recherches en paternité; ces dernières ne peuvent se faire, en France, qu'avec le consentement de l'intéressé et sur demande de l'autorité judiciaire.

Le 4 mars 2000, le Conseil d'État a entériné la mise en place du Fichier national automatisé des Empreintes génétiques (FNAEG), annuaire biologique des condamnés définitifs dans lequel sont seuls enregistrés les auteurs d'agressions à caractère sexuel. Il conserve leurs cartes ADN ainsi que celles, sans patronyme, trouvées sur des scènes de crimes non résolues. L'ensemble, placé sous la responsabilité d'un magistrat nommé par

Anecdotiquement, c'est le recours à l'ADN mitochondrial, prélevé sur le cœur, conservé depuis son décès, qui a pu prouver

L'ADN r

La base

que l'enfant mort dans la prison du Temple en 1795 était le fils de Marie-Antoinette, et non un inconnu substitué au Dauphin, comme le voulaient la légende royaliste et les conclusions de Locard. Ci-dessus, un portrait-robot du Dauphin réalisé par la police à partir de son crâne.

le garde des Sceaux, sera gardé durant quarante ans et géré par le centre d'Écully. Le stockage des prélèvements sera réalisé, en prévision d'une contre-expertise, à l'Institut de Recherche criminelle de la Gendarmerie situé à Rosny-sous-Bois. Le premier fichier de ce type a été créé en 1995 en Angleterre, où les restrictions d'accès sont moins importantes qu'en France. La justification d'un tel fichier, outre son caractère pratique, vient du taux très élevé de récidive dans les délits sexuels. Relégués à l'infinitésimal, les risques d'une erreur en matière de comparaison ADN légitime l'espoir d'un recours plus étendu en France. Les défenseurs des libertés semblent oublier que, pour l'enquêteur, son emploi sert autant à charge qu'à décharge.

L'analyse de l'ADN commence à être admise a posteriori, après même les jugements. De plus en plus d'États américains admettent qu'une telle analyse puisse confirmer (ou infirmer) la culpabilité d'un condamné – et particulièrement de condamnés à mort clamant leur innocence. Encore faut-il que les échantillons soient conservés de façon adéquate.

Les progrès en matière d'exploitation d'ADN ont incité les juges de Dijon à rouvrir l'enquête sur l'affaire Grégory. Ci-dessus, la lettre du «corbeau de la Vologne» datée du 27 mars 1983 dont le timbre fait l'objet d'une expertise ADN à partir d'éventuelles traces de salive.

lutionne les enquêtes criminelles

lacée sous le contrôle de l'autorité judiciaire, sera limitée aux crimes et délits à caractère sexuel.

La technique RFLP consiste à isoler la cellule nucléée extraite de l'ADN et à l'hybrider jusqu'à obtenir des bandes noires, telles des codes barres (ci-contre). Coûteuse, elle nécessite des échantillons de qualité et en quantité suffisante. La technique de duplication PCR peut être rapidement employée à partir d'une faible quantité d'échantillon, mais elle nécessite que toutes les mesures de préservation de la scène de crime soient rigoureusement respectées.

Dans le champ biologique

Les avancées dans le domaine génétique ne doivent pas faire oublier le travail biologique sur le visible, sang ou sécrétions diverses, analyse des plantes ou des insectes : les diatomées, ces algues minuscules, révèlent immédiatement, sous microscope électronique, quel type d'eau a envahi les poumons d'un noyé. L'entomologie médico-légale, étudiée depuis le milieu du XIXe siècle, révèle par l'observation des cycles des nécrophages (de l'œuf à la nymphe) la durée de séjour d'un cadavre, la date probable de sa mort et parfois même la cause de la mort : certains diptères concentrent en eux les produits toxiques épars dans le corps qu'ils habitent.

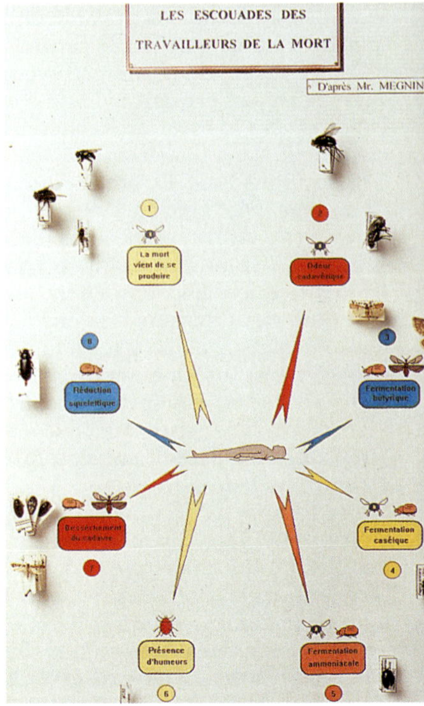

Des machines contre des artistes

L'un des domaines les plus passionnants de la Police scientifique concerne les faux : faux documents, faux billets, faux tableaux... Un nombre impressionnant d'appareils est utilisé pour mettre en échec les faussaires : du microscope stéréoscopique, qui identifie les caractères générés par les imprimantes modernes, au comparateur vidéo-spectral pour révéler les caractères invisibles des documents trafiqués et faire remonter en surface le palimpseste des inscriptions originelles. L'analyse des encres ou du papier a permis aussi de retrouver bien des faussaires. Mais elle servait aussi à Locard, de son propre aveu, à identifier dès 1941 l'origine de «centaines» de tracts communistes ou gaullistes.

Le trafic de faux objets d'art a pris des dimensions internationales, et les experts doivent être aussi bien capables de détecter un pigment moderne

Recueillis sur les cadavres, les coléoptères, lépidoptères et autres nécrophages, ainsi que leurs larves, aident à évaluer le temps écoulé depuis le décès, à déterminer s'il y a eu déplacement du corps, à fournir des indications sur les causes de la mort (intoxication) ou à dater l'incendie à partir de résidus carbonisés. Le recours à la microscopie optique ou électronique à balayage (MEB) a développé cette branche médico-légale.

dans un tableau prétendument ancien qu'une colle d'aujourd'hui dans un meuble certifié d'époque.

Mais la méthode comparative exclut certaines disciplines qui se fondent sur l'interprétation d'une donnée pour laquelle n'existe pas de modèle : ainsi la graphologie. Le scientifique ne travaille pas à l'intuition.

Affaires de poisons

On n'en est plus à identifier l'arsenic. Aujourd'hui, une multiplicité de substances toxiques, naturelles ou artificielles, peuvent être détectées. Du taux d'alcoolémie à l'usage de stupéfiants, la science est capable de découvrir ce que le corps a absorbé. Encore lui faut-il un point de comparaison, et connaître par exemple les médicaments ingérés ordinairement par la victime, dont les composants seront éventuellement les mêmes que ceux de drogues illicites ou de poisons effectifs. C'est la dose qui fait le poison, et c'est l'analyse, par spectrométrie ou chromatographie, qui la révèle.

Digitalisation, marques et encres à variabilité optique, filigrane, fil de sécurité, support et pochette plastiques sécurisés, les innovations sécuritaires pour protéger les documents officiels se multiplient, à l'heure où les copieurs performants se diversifient. Les spécialistes de la Police technique et scientifique œuvrent conjointement avec les services concernés pour optimiser l'inviolabilité des documents (ci-dessous, un passeport examiné aux rayons ultraviolets).

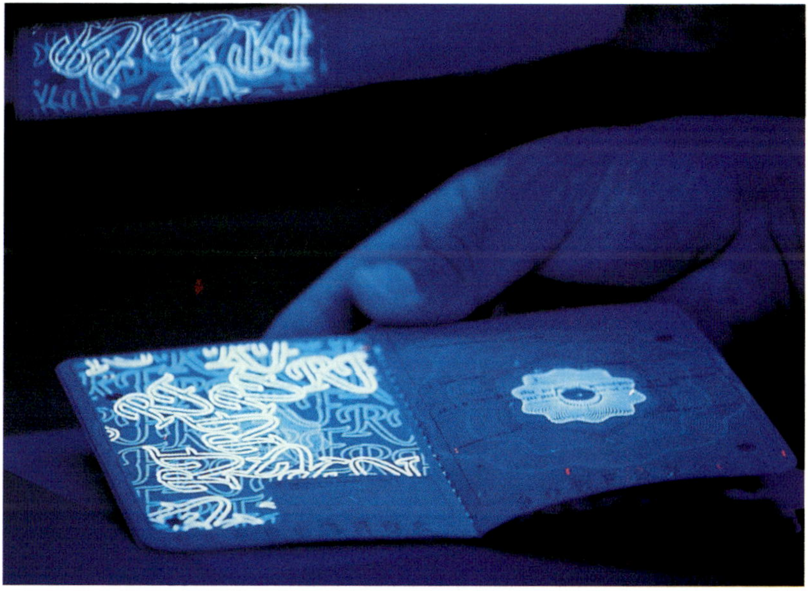

D'autres «poisons», parfois tout aussi virulents, sont ceux qui résultent des fraudes alimentaires. Le Laboratoire central de la Préfecture de Police de Paris, créé en 1881, a multiplié dès cette date les analyses (alors souvent gratuites...) de produits de bouche, en particulier de vins frelatés où les chimistes de la police retrouvaient aussi bien de l'acide tartrique que des colorants industriels – ou, plus près de nous, de l'antigel. Ce même laboratoire, fort éclectique, a été le premier à analyser les produits explosifs utilisés par les anarchistes dans leur campagne d'attentats des années 1890.

Nouvelles technologies, nouvelles frontières

L'informatique permet aujourd'hui de confronter une multitude de données autrefois éparses, et de mettre dans une machine facile à consulter les 125 000 mètres carrés d'archives dépendant du ministère de l'Intérieur. Mais elle facilite aussi les intrusions dans la vie privée, intrusions soigneusement réglementées par la Commission nationale Informatique et Liberté, qu'il s'agisse de mœurs, de religion ou d'appartenance syndicale.

Le 31 août 2000, un étudiant californien de vingt-trois ans ayant causé un préjudice de 2,2 milliards de dollars à une compagnie spécialisée dans la haute technologie, et dont les répercussions se sont ressenties jusque sur le marché boursier, est interpellé par le FBI (ci-dessous). En France, un service spécialisé dans les fraudes informatiques, le SEFTI, dépendant de la DRPJ, lutte contre les hackers dont la caractéristique est de défier tous les systèmes de sécurité informatiques les plus sophistiqués.

À terme, l'intégration des données fournit des renseignements innombrables et pose des problèmes éthiques complexes.

Ainsi le développement de l'Internet a-t-il favorisé une «cyber-criminalité» contre laquelle Anglais et Américains luttent en s'autorisant le contrôle de tous les courriers électroniques. Le FBI use aujourd'hui d'un logiciel, Carnivore, capable de détecter automatiquement les mots clés, supposés suspects, qui passent dans le flux informatique. Le procédé, utile pour lutter contre les détournements de capitaux, le blanchiment d'argent, la prostitution ou la pédophilie, alimente en même temps les craintes ou les fantasmes des défenseurs de la vie privée, soucieux de ne pas voir les autorités s'intéresser de trop près aux mœurs ou aux opinions politiques, voire à certaines opérations économiques légales mais confidentielles.

Le policier scientifique travaille aujourd'hui sur une frontière indécise, entre la nécessité de savoir et la tentation de tout apprendre. Comme pour toute science, à l'analyse des données doit s'adjoindre une dose raisonnée de conscience. L'illustre Bertillon avait déjà, de son temps, fixé avec humour les bornes de la profession : «La mission des agents de police n'est pas de surveiller les honnêtes gens, mais les bandits et quelques hommes politiques.» Encore faut-il dire que la Police scientifique travaille prioritairement, en France, sur les grandes affaires, et peu sur la petite et moyenne délinquance : «*Grosso modo*, avoue Jean-Paul Milland, sous-directeur de la Police technique et scientifique, environ 20 % des cambriolages sont couverts par le déplacement d'un technicien de l'Identité judiciaire qui relève des traces. L'objectif est de mettre en œuvre ces techniques pour les victimes des petites infractions.

«T'es con, t'as pas compris», telle est la transcription de ce spectogramme d'une phrase prononcée par un ponte de la PJ à l'un de ses collaborateurs (ci-dessus). Le LADS (Laboratoire d'Analyse des Sons) a été récemment créé à Écully. Il travaille sur toutes les technologies relatives aux enregistrements sonores, véritables signatures vocales, et peut être saisi pour authentifier leur originalité.

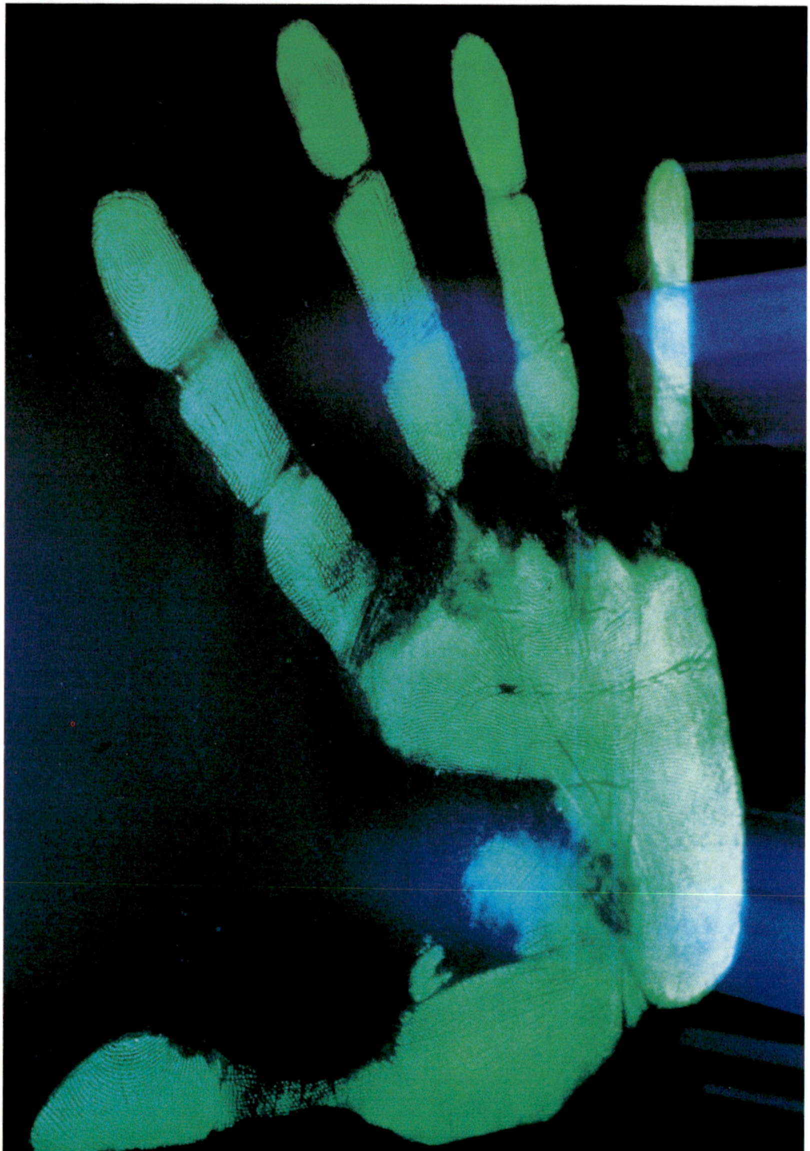

La Police judiciaire, de par les missions qui lui sont confiées, doit mener de longues et coûteuses investigations qui en font une police spécialisée. Elle a été la première à bénéficier directement des avancées de la Police technique et scientifique. Pour autant, la science ne saurait se substituer à l'enquête elle-même, au risque de graves dérives. L'enquête policière reste une étape essentielle et capitale dans le processus judiciaire.

CHAPITRE 5

L'ENQUÊTE POLICIÈRE

Le corps sans vie de l'étudiante Isabel Peake a été retrouvé le 13 octobre 1999 sur les voies de la gare de Chabenet. Sid Ahmed Rezala a été considéré comme le principal suspect de ce meurtre. Ordonnée par le juge lors de l'instruction, la reconstitution de la scène de crime, ici avec un mannequin, se révèle un acte déterminant de l'enquête.

Les régimes de l'enquête

L'enquête judiciaire est soumise à trois régimes juridiques différents. Le premier, sous l'autorité du procureur de la République, accorde des pouvoirs accrus à la Police judiciaire, justifiés par la notion de rapidité en cas de crime ou de délit flagrant, c'est-à-dire le crime ou le délit punissable d'emprisonnement qui se commet ou vient de se commettre. Il peut s'agir également de crime ou délit «réputé flagrant», commis dans un temps voisin de l'action, soit que la personne est poursuivie par la clameur publique, soit qu'elle est en possession d'objets ou présente des traces et indices laissant penser qu'elle est impliquée. Enfin, il peut être «assimilé au crime ou délit flagrant» lorsqu'il a été commis dans une maison et que le chef requiert la PJ de le constater. Une loi de 1999 fixe la durée de la flagrance à huit jours maximum. Le deuxième cadre juridique, celui de l'enquête préliminaire, permet de rassembler des preuves avant de décider s'il y a lieu de poursuivre ou non. Cette enquête peut être appelée d'initiative ou être réalisée sur les instructions du procureur de la République. Le troisième, la délégation judiciaire, suppose qu'une information ait été

À l'issue de l'enquête diligentée par la PJ, l'auteur présumé sera déféré auprès du procureur de la République, directeur d'enquête, qui prendra la décision de l'écrouer ou de le remettre en liberté. En matière criminelle, l'ouverture d'une information judiciaire par le procureur de la République est obligatoire. Ce sera également le cas pour certains délits. C'est alors le juge d'instruction qui poursuivra l'enquête, délivrant des commissions rogatoires au service concerné.

ouverte et que l'infraction soit déterminée. Contrairement aux deux premiers cas, le directeur de l'enquête n'est plus le procureur de la République mais le juge d'instruction qui délègue ses pouvoirs à un officier de police judiciaire; ce dernier travaille alors sur commission rogatoire délivrée par le juge. L'une des spécificités de la PJ réside dans une hiérarchie bicéphale, à la fois administrative et judiciaire.

«La police judiciaire est chargée de constater les infractions, d'en rassembler les preuves et d'en rechercher les auteurs tant qu'une information judiciaire n'est pas ouverte. Lorsqu'une information est ouverte, elle exécute les délégations des juridictions d'instructions et défère à leurs réquisitions» (art. 14 du Code de Procédure pénale). Elle comprend des officiers et des agents de Police judiciaire. Les seconds travaillent sous l'autorité des premiers et ne disposent pas des mêmes pouvoirs, notamment ceux coercitifs, tels que la mise en garde à vue, les saisies et perquisitions, les réquisitions ou l'exécution de délégations judiciaires.

Le dédale de couloirs qui relie le Dépôt de la Préfecture de Police au Palais de Justice de Paris, porte bien son nom : «la souricière» (ci-dessous). C'est par ce chemin que sont conduites les personnes déférées devant le procureur de la République. Il est également emprunté par les détenus extraits de leur prison qui attendent de comparaître devant les tribunaux parisiens.

Sur la scène du crime

De jour comme de nuit, une fois saisi, l'officier de Police judiciaire mobilise, sous la supervision du procureur de la République, l'Identité judiciaire qui se déplace sur la «scène de crime». Équipés d'un matériel conséquent, ses techniciens photographient soigneusement les lieux et relèvent tout ce qui servira d'indice en vue d'une analyse postérieure : empreintes digitales, traces d'armes à feu ou d'explosifs, déchets humains de toutes sortes. Du détecteur de métaux au laser portable en passant par des sacs plastique et des gants isolants pour la préservation et le transport d'indices inaltérés, un important matériel est indispensable à toutes les constatations nécessaires.

Il est en effet essentiel de conserver autant que possible la scène de crime vierge de toute contamination. Témoins, curieux, voire policiers eux-mêmes sont tenus à l'écart tant que le travail des scientifiques n'est pas achevé. Dans un site public, il est important de relever rapidement

Le périmètre de sécurité est établi à l'aide d'un ruban de signalisation par les premiers intervenants, les policiers de la Sécurité publique ou de la PUP ou les gendarmes. Ce périmètre protégera la scène et ses abords immédiats ainsi que tout secteur où seront détectées des traces visibles. Alors, le travail des techniciens de scène de crime peut commencer.

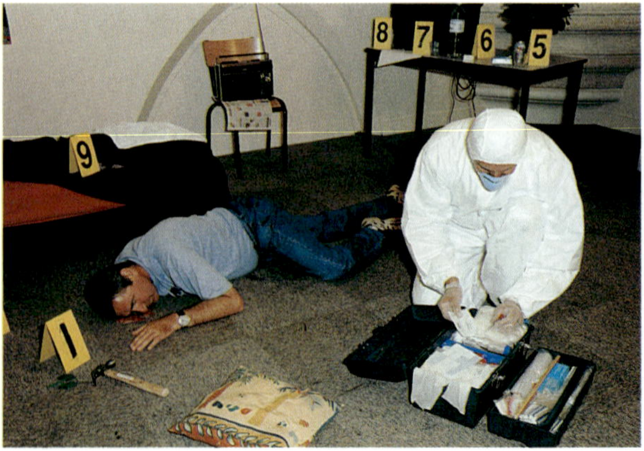

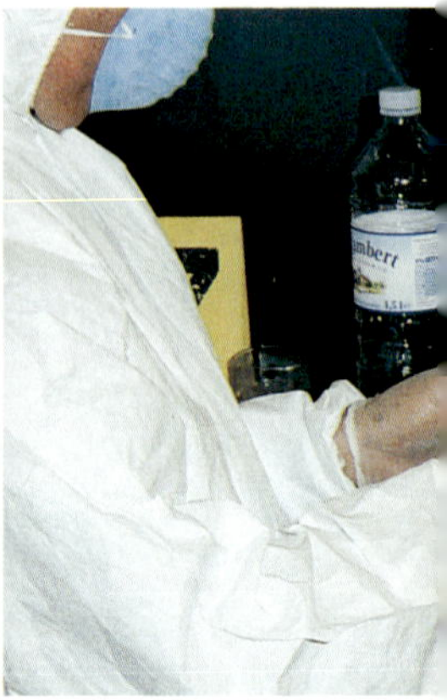

les empreintes de roues, les taches de sang, ou même, dans le cas d'un meurtre découvert longtemps après les faits, les investissements du lieu par la faune ou la flore, qui pourront donner une chronologie fine des événements.

La photographie de la scène de crime est essentielle pour comprendre la disposition des êtres et des lieux, mais aussi pour envisager ultérieurement une reconstitution exacte, un levé de plan précis, afin d'éclairer les dépositions des témoins ou dans le but de circonstancier des aveux. Une bande millimétrée disposée à côté de certains détails permet d'en donner l'échelle exacte. Le recours à la vidéo est également possible.

La remontée des indices

Grâce à certains appareils, comme les lampes à lumière monochromatique, des détails «invisibles» remontent à la surface : empreintes, taches de doigts, de sperme, de sang ou de salive sont repérées par fluorescence dans une gamme variable, de l'ultraviolet à l'infrarouge. Les fibres et les poussières sont accrochées par des appareils utilisant l'électricité statique. On saupoudre enfin les surfaces lisses avec de la poudre d'aluminium – parmi toutes les substances susceptibles de faire apparaître des empreintes.

Fixer les lieux, constituer un album photographique et un état des lieux, prélever les traces et indices... Toute négligence peut nuire définitivement au bon déroulement de l'enquête. Les interventions des techniciens ne se placent pas uniquement au début des investigations judiciaires. Ils peuvent être appelés à faire des constatations à l'endroit indiqué par les aveux d'un meurtrier comme étant celui où il a tué sa victime avant de la transporter ailleurs ou encore dans un lieu de séquestration, une fois la victime libérée.

Le corps de la victime, avant même les opérations d'autopsie, peut lui-même «parler». Les ongles, en cas de lutte avec un agresseur, gardent souvent des débris de peau. On prélève bien entendu ses empreintes, à des fins d'identification, et pour les différencier de celles relevées par ailleurs.

Les taches de sang, de salive, de sueur, d'urine, et leurs supports (vêtements par exemple) sont systématiquement placés sous scellés et étiquetés. Les débris organiques, poils ou cheveux, sont l'objet d'une attention particulière. Les matériaux (tissus, cordes, mais aussi bien la terre des semelles) sont également interrogés. Parmi eux, tout ce qui peut venir de l'utilisation d'une arme – aussi bien les balles (elles-mêmes porteuses des débris des objets traversés) que les traces de poudre (présentes dans tout l'environnement d'un tir) – et de l'usage d'objets ayant servi à une effraction. La localisation exacte des balles permet par exemple de déduire l'angle du tir, les positions respectives des protagonistes. Enfin, les traces des déplacements, pas ou véhicules, sont souvent révélatrices

Une fois la scène de crime figée et les prélèvements réalisés, les enquêteurs vont pouvoir procéder à de minutieuses constatations, examiner le cadavre, commencer immédiatement l'enquête de voisinage, réaliser une perquisition sur la scène de crime et délivrer toutes les réquisitions nécessaires.

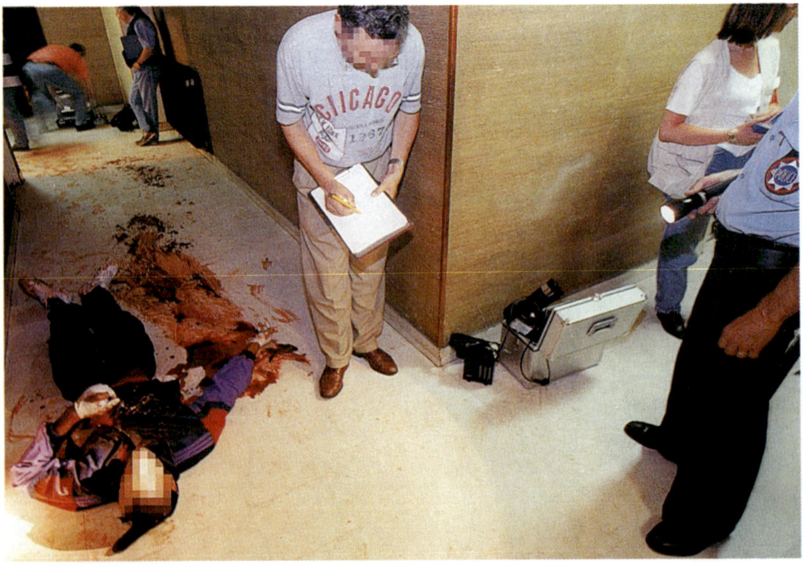

– Sherlock Holmes déjà en déduisait la taille de l'agresseur, et l'heure du crime. On moule fréquemment une empreinte, lorsqu'elle a laissé un relief ou une dépression.

En cas d'explosion ou d'incendie, une foule de traces éloquentes renseigneront l'enquêteur sur la nature des matériaux ou la manière dont ils ont été mis en œuvre.

L'enquête ne fait que débuter...

Les constatations faites par l'enquêteur, le relevé des traces et indices exécuté par les techniciens de l'Idendité judiciaire, l'enquête proprement dite peut débuter. Une des phases essentielles du travail d'investigation se trouve dans l'enquête de voisinage. Laborieuse et souvent ingrate, elle consiste à répertorier systématiquement tout l'environnement immédiat de la victime, à questionner tout son entourage, aux fins de relever les habitudes de la victime, ses fréquentations, les faits incongrus ou personnes suspectes. L'enquête de voisinage, diligentée dans les délais les plus

André Dussolier et Charles Berling, dans le film *Scènes de crimes*, de Frédéric Schoendoerffer, jouent le rôle de deux inspecteurs de la PJ de Versailles qui sont sur les traces d'un tueur en série. Ils recherchent ici une de ses victimes dans un étang. Il arrive qu'une enquête judiciaire s'attache à retrouver un cadavre : soit que le corps ait été déplacé, soit qu'un auteur avoue son crime et désigne avec plus ou moins de précision l'endroit où il a fait disparaître le corps.

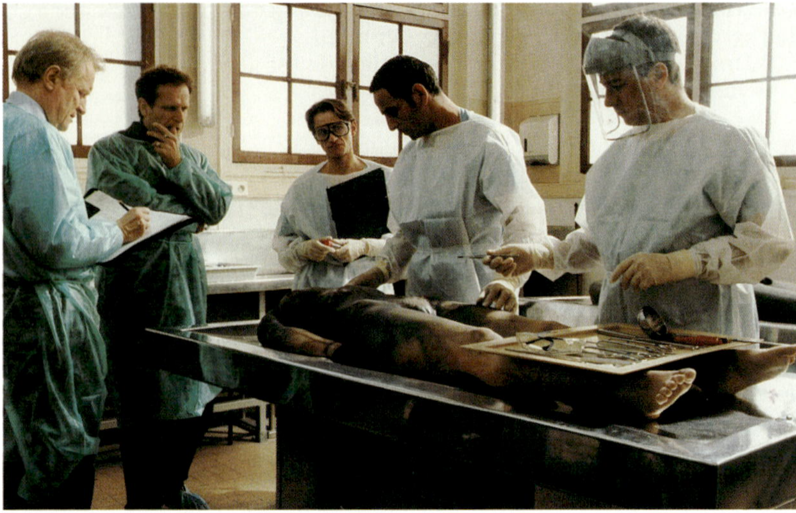

brefs, est précieuse pour déterminer, par exemple, que la victime, dans telle affaire, a été vue quelques heures avant sa mort, en compagnie de telle ou telle personne, fréquentation ou non, visage ou silhouette sur lesquels il restera à mettre un nom. Les enquêteurs entrent ainsi dans l'intimité de la victime.

L'autopsie, obligatoire en cas de crime ou systématique en cas de mort suspecte, doit établir, à la demande du procureur de la République, les origines et causes de la mort. Elle reste le meilleur moyen pour identifier un cadavre jusqu'alors anonyme. L'autopsie se réalise toujours en présence d'un officier de Police judiciaire qui rédige un procès-verbal d'assistance à autopsie intégré à la procédure.

Recherches, identification...

Tous les indices recueillis sont saisis et placés sous scellés par l'officier de Police judiciaire. Les premières recherches effectuées sur ces éléments (identification d'une arme trouvée sur la scène de crime, papiers ou objets abandonnés, traces papillaires, ADN, empreintes de chaussures ou de pneumatiques, relevés de compte ou agendas, etc.),

Une scène d'autopsie dans le film *Scènes de crimes* : sous sa dictée, l'officier de PJ prend les conclusions du médecin légiste, requis par le procureur de la République. «On ne se blinde jamais, on supporte.»

À droite, la panoplie – armes, outils divers, scanners, postiches – trouvée en perquisition dans l'affaire du «gang des postiches», qui défraya la chronique dans les années 1970-1980. Auteurs de plusieurs centaines d'attaques à main armée, ils ont alors dévalisé plus d'un millier de coffres-forts. Les postiches étaient également utilisés par les équipes de la «banlieue sud» de Paris.

les réponses à réquisitions effectuées (identification de lignes téléphoniques, écoutes judiciaires de lignes téléphoniques sur le portable volé d'une victime, par exemple, demande de relevés bancaires...) sont croisées avec les éléments recueillis lors de l'enquête de voisinage, les témoignages et les résultats des investigations techniques et scientifiques. Tout concourt à la reconstitution des événements. Des scenari s'élaborent, des noms retiennent l'attention des enquêteurs.

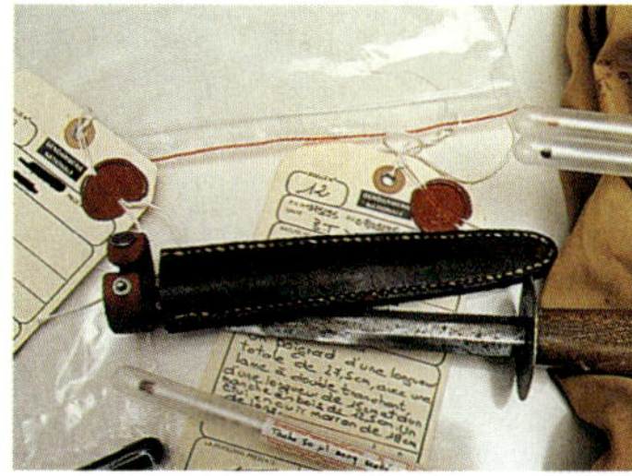

Les indices trouvés au cours de l'enquête sont saisis et placés sous scellés (ci-dessus) par l'officier de PJ. Si celui-ci peut faire appel aux «hommes de l'art», par la voie de la réquisition judiciaire, pour tout examen technique ou scientifique qui ne pourra être différé lors de son enquête, une fois l'instruction ouverte, le juge, quant à lui, fera procéder sur les scellés à des expertises ou contre-expertises.

Interpellation, garde à vue, perquisition, auditions...

Le ou les auteurs présumés identifiés et «logés», une ou plusieurs opérations successives d'interpellation à leur domicile ou dans des lieux qu'ils fréquentent habituellement vont être déclenchées. Placés en garde à vue, ils seront entendus sur les faits au cours d'une ou de plusieurs auditions.

La garde à vue est décidée par l'officier de Police judiciaire pour une durée maximale de 24 heures et peut être prolongée de 24 heures par le procureur de la République. En matière de stupéfiants et de terrorisme, la garde à vue peut être prolongée de 48 heures puis de 24 heures, soit s'étaler sur une durée totale de quatre jours. Lecture de ses droits est faite à l'auteur présumé : prévenir quelqu'un de sa famille ou son employeur, se faire visiter par un médecin, s'entretenir avec un avocat à l'issue de la vingtième heure (dès la première heure à partir du 1er janvier 2001). Durant la garde à vue, un grand nombre d'actes judiciaires seront conduits afin de confondre l'auteur présumé. De la perquisition aux auditions, en passant par la parade d'identification, au cours de laquelle il est représenté aux témoins derrière une vitre sans tain, il s'agit pour

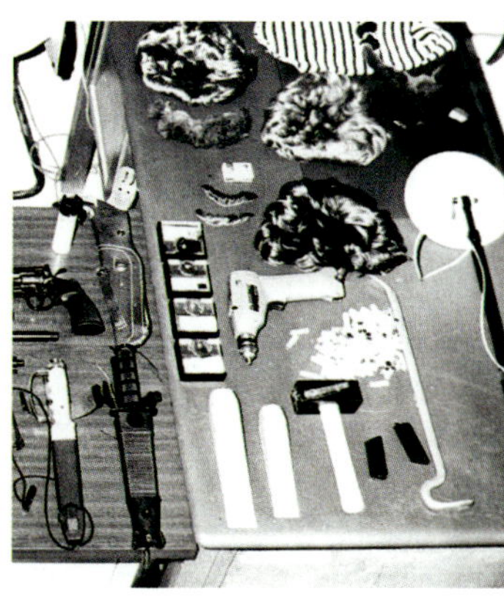

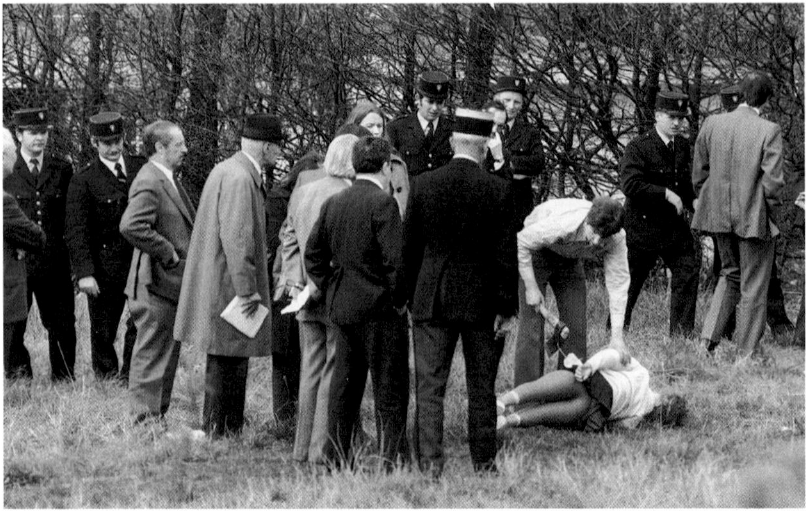

Ci-dessus, à Bruay-en-Artois, la reconstitution du crime de la petite Brigitte Dewevre, seize ans, retrouvée morte, le 5 avril 1972, à moitié dévêtue. Jean-Pierre F., qui avait avoué le crime, reviendra sur ses aveux et sera relaxé au bénéfice du doute.

l'enquêteur de «boucler» sa procédure et de transformer les interrogations en certitudes fondées.

La perquisition est un acte d'enquête déterminant qui a pour but de trouver des traces et indices liés au délit ou au crime : arme, billets volés lors d'un braquage, vêtements portés lors des faits, objets ayant appartenu à la victime. Elle ne peut être effectuée avant 6 heures ni après 21 heures. En matière de stupéfiants ou de terrorisme seulement, elle peut s'effectuer la nuit avec l'autorisation du président du tribunal de Grande Instance. Elle se fait toujours en présence de la personne au domicile de laquelle elle est menée. En cas d'impossibilité, ce sera en présence d'un représentant de son choix ou encore de deux témoins choisis par l'officier de Police judiciaire. Dans le cas d'enquête préliminaire, la perquisition nécessite l'autorisation expresse et manuscrite de la personne chez laquelle l'opération a lieu. En droit français, le mandat de perquisition n'existe pas.

Si l'aveu n'est plus la reine des preuves, il reste une phase essentielle de l'enquête et représente une réelle satisfaction pour l'enquêteur. Circonstancié et recoupé par les éléments probants de l'enquête judiciaire et scientifique, il n'aura que plus de poids lors du procès alors même que son auteur se sera rétracté, suivant une ligne de défense souvent conseillée. Circonstancier l'aveu, c'est, pour les fonctionnaires de la PJ, ou le juge d'instruction, travailler autant à charge qu'à décharge. Il n'est pas rare, en effet, qu'un suspect reconnaisse des faits auxquels il n'a aucunement participé, parce qu'il est psychiquement instable, parce qu'un interrogatoire trop long lui a brouillé les idées, ou parce qu'il a du goût pour la culpabilité. Des analyses génétiques ont ainsi disculpé définitivement un sans-abri psychologiquement affaibli qui s'accusait d'un meurtre après une agression sexuelle.

En matière d'enquête criminelle, il n'est pas courant d'identifier et d'interpeller l'auteur d'un crime dans le temps du flagrant délit. C'est pourquoi la majorité de ces enquêtes sont menées en étroite collaboration avec les magistrats, sous le régime de la délégation judiciaire et sous la forme de commission rogatoire délivrée par le juge

Moment crucial de l'enquête, l'audition d'un présumé coupable n'emporte pas toujours ses aveux. Il n'est pourtant pas rare de voir des criminels se présenter spontanément à la police ou à la gendarmerie, plusieurs années après avoir commis leurs forfaits, accréditant les mots de l'écrivain américain Theodore Dreiser : «La conscience? Elle n'empêche jamais de commettre un crime. Elle empêche seulement d'en jouir en paix.»

d'instruction. Elle pourra être générale, c'est-à-dire qu'elle prescrira à l'officier de PJ tout acte utile à la manifestation de la vérité, ou particulière, elle ordonnera alors qu'il soit procédé à un ou plusieurs actes judiciaires précis. En cas de prolongation de l'enquête à l'étranger, la commission rogatoire sera dite internationale.

Pour ce qui concerne les services spécialisés tels que la Brigade de Recherche et d'Intervention et les services luttant contre le grand banditisme ou les services de voie publique (Stups notamment), le cadre juridique de l'enquête préliminaire, dite d'initiative, est le plus souvent utilisé, permettant de travailler en amont sur des «équipes» à l'aide de filatures, surveillances, jusqu'à l'interpellation en flagrant délit.

Pierre Ottavioli, ancien patron de la Crim', notamment au moment de l'enlèvement du baron Empain, écrit, dans son livre *Échec au crime* : «Avec ses cent fonctionnaires, la Brigade criminelle est bien peu de chose. Cependant, dans la pratique, "il y a deux personnes dont on parle dans la police… le ministre de l'Intérieur et le patron de la criminelle à Paris". […] Ce n'est sans doute pas un hasard si le quai des Orfèvres peut s'enorgueillir, depuis des décennies, de n'avoir pas connu d'erreur judiciaire. Cela tient à son organisation et à ses méthodes. […] La réputation de la Brigade criminelle est telle qu'on ne peut pas ne pas être fier d'y être admis. […] Sa spécialité, c'est la difficulté.»

La science au service de la vérité

L'enquêteur Dupin imaginé par Edgar Poe a formulé le problème central de l'enquête judiciaire et scientifique : «C'est justement en suivant les déviations du cours ordinaire de la nature que la raison trouvera son chemin, si la chose est possible, et marchera vers la vérité. Dans des investigations du genre de celle qui nous occupe, il ne faut pas tant se demander comment les choses se sont passées, qu'étudier en quoi elles se distinguent de tout ce qui est arrivé jusqu'à présent.» Ce qui se résume par la formule : «Seuls les problèmes où nulle donnée n'a un caractère d'exception sont difficiles à résoudre.»

Le travail de l'enquêteur se rapproche de celui du scientifique en ce qu'il s'applique à relever ces éléments exceptionnels, à les traquer jusque dans l'infinitésimal ou dans le quotidien, en comparant sans cesse les données recueillies à celles observées sur la scène du crime. De même, un second point commun se résume dans cette phrase de Locard : «L'expert n'est pas un juge. Il n'a pas à connaître les faits d'ordre moral»… À ce devoir d'impartialité s'ajoute, particulièrement pour les services de la Police technique et scientifique, une nécessaire maîtrise des technologies et de la science.

L'institution de la Police judiciaire, quant à elle, si elle sait s'adapter aux mutations de la société et à ses nouvelles formes de banditisme, reste attachée aux méthodes héritées du passé. Tradition et modernisme en sont l'apanage. Le flair légendaire du policier ne pourra jamais être remplacé exclusivement par le microscope. Car ce flair légendaire, c'est toute une méthodologie qui a largement fait ses preuves. En revanche, la remarquable percée de la Police technique et scientifique se révèle chaque jour une aide précieuse à l'enquête. La science ne saurait envahir le prétoire et pourtant elle induit de nouvelles pratiques tant dans le travail policier que dans celui des magistrats. Et si le risque d'erreur judiciaire ne peut jamais être nul, c'est à la condition d'une collaboration dans la plus grande rigueur entre enquêteurs et hommes en blouse blanche qu'il pourra tendre à disparaître.

Dans le bureau d'un officier de police judiciaire affecté à la Crim' depuis vingt-cinq ans, et dont le «terrain de jeu préféré est l'interrogatoire». Le masque vénitien qu'il désigne au mur représente pour lui trois visages : «visage normal, dubitatif, maussade. [...] Mon suspect doit passer par tous ces stades». Quant au miroir, il dit : «Je le fais se regarder en face.» Il lui propose également du thé : «J'offre au client un dernier moment de vie bourgeoise avant d'affronter la prison.» Quand commence l'interrogatoire, il l'interroge «sur sa vie, son métier, ses fantasmes» : «Je tente un profil psychologique, quitte à parler de blasons héraldiques ou de performances sexuelles.» «Tout l'art consiste à pénétrer l'autre sans qu'il s'en rende compte. C'est un viol de l'âme.» (extraits d'une interview réalisée par Patricia Tourancheau et parue dans *Libération* le 6 août 1999).

Page suivante, telle un vitrail, une visualisation de séquence ADN.

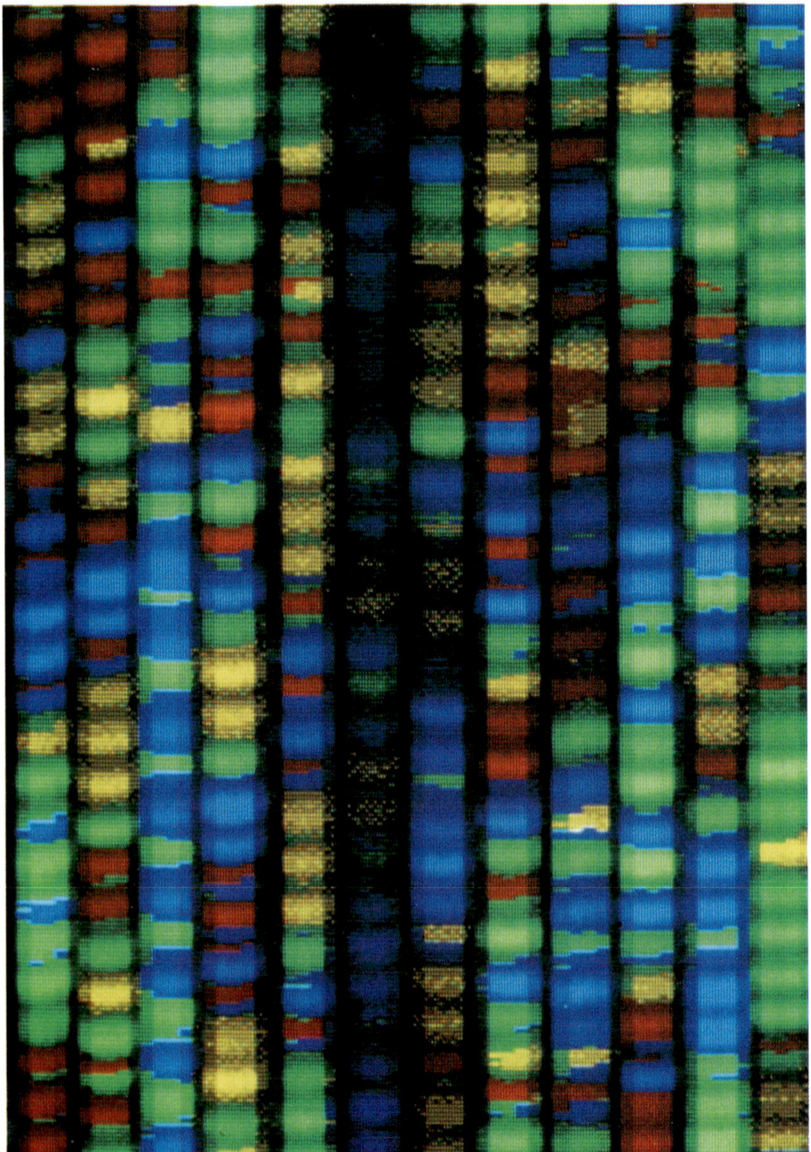

TÉMOIGNAGES ET DOCUMENTS

Les grands enquêteurs

C'est Edgar Poe qui inaugure au XIXe siècle un genre littéraire inédit, le roman policier, et un nouveau type de héros, l'enquêteur, le détective, souvent affublé d'un comparse en forme de faire-valoir. La tradition est aujourd'hui bien établie et la postérité de Charles Auguste Dupin riche de noms aussi célèbres que ceux de Sherlock Holmes, Hercule Poirot, Jules Maigret…

Auguste Dupin… le précurseur

Borges évoque dans un essai la naissance du roman policier au XIXe siècle, et celle d'un modèle, le détective Dupin, créé par Edgar Allan Poe (1809-1849) en 1841.

Je crois que Poe était fier de son intelligence. Il se dédoubla en un personnage qu'il choisit éloigné – celui que nous connaissons tous et qui est, à coup sûr, notre ami bien qu'il ne cherche pas à l'être : c'est un vrai gentilhomme, Auguste Dupin, le premier détective de l'histoire de la littérature. […]

Nous avons ici une autre tradition du roman policier : le mystère doit être découvert grâce à l'intelligence, grâce à une démarche intellectuelle. L'homme très intelligent qui résout l'énigme s'appelle ici Dupin, il s'appellera ensuite Sherlock Holmes, plus tard encore le père Brown et il aura d'autres noms, d'autres noms célèbres. Le premier de tous, le modèle, l'archétype, pourrions-nous dire, c'est Charles Auguste Dupin, qui vit avec un ami, lequel lui raconte l'histoire. Cela fait aussi partie de la tradition et sera repris très longtemps après la mort d'Edgar Poe par l'écrivain irlandais Conan Doyle. […]

Conan Doyle imagine un personnage un peu sot, doté d'une intelligence un peu inférieure à celle du lecteur et qu'il appelle le Dr Watson; l'autre est un personnage assez comique mais en même temps assez respectable : c'est Sherlock Holmes. Conan Doyle fait en sorte que les prouesses intellectuelles de Sherlock Holmes soient rapportées par son ami Watson, qui ne cesse de s'étonner et se laisse toujours guider par les apparences, qui se laisse dominer par Sherlock Holmes parce qu'il aime être dominé.

Tous ces éléments sont déjà présents dans ce premier conte policier qu'écrivit Edgar Poe sans savoir qu'il inaugurait un genre et qui s'intitule : «Double assassinat dans la rue Morgue». Edgar Poe ne voulait pas que le genre policier fût un genre réaliste mais un genre intellectuel, un genre fantastique, pourrait-on dire, mais un genre fantastique relevant de l'intelligence et pas seulement de l'imagination; relevant des deux, bien entendu, mais surtout de l'intelligence.

Borges, «Le Roman policier»,
in *En marge de Sept Nuits*,
Gallimard, 1985,
repris dans «La Pléiade»,
Gallimard, 2000

«Le Chien des Baskerville»

Le dialogue entre Sherlock Holmes et le Dr Watson est un des ressorts littéraires du romancier écossais sir Arthur Conan Doyle (1859-1930).

Tout le cours des événements, me dit Holmes, du point de vue de l'homme qui s'était baptisé Stapleton, a été d'une droite simplicité; tandis qu'à nous, qui n'avions au début aucun moyen de connaître ses motifs et devions nous contenter des faits, il est apparu d'une complexité extraordinaire. J'ai eu le privilège de m'entretenir par deux fois avec Mme Stapleton, et tout a été si parfaitement éclairci que je ne crois pas qu'il subsiste l'ombre d'un secret. Vous trouverez quelques notes sur l'affaire à la lettre B de mes dossiers.

– Mais vous allez bien me donner de mémoire un résumé des événements?

– Si vous voulez; mais je ne garantis pas la complète exactitude de tous les faits. […]

En ce qui concerne l'affaire du chien, pourtant, je vais retracer le cours des événements en les serrant d'aussi près que je le peux; vous m'avertirez si j'oublie quelque chose.

Mes renseignements attestent de toute évidence que le portrait de famille n'a pas menti, et que ce Stapleton était vraiment un Baskerville. C'était un fils de Rodger Baskerville, frère cadet de Sir Charles, qui s'enfuit vers l'Amérique du Sud avec une effroyable réputation, et dont on a dit qu'il était mort célibataire. […]

Nous en arrivons maintenant à la partie de son existence qui nous intéresse particulièrement. Stapleton avait recueilli des informations, comme de juste, et il avait découvert que deux vies seulement s'interposaient entre lui

et des biens considérables. […]

Le baronnet lui raconta l'histoire du chien des Baskerville : ainsi fraya-t-il la voie qui allait le mener à la mort. Stapleton, car je continuerai à l'appeler de ce nom, savait que le cœur du vieil homme était affaibli et qu'un choc le tuerait. Il tenait ce renseignement du docteur Mortimer. Il savait également que Sir Charles était superstitieux et qu'il avait pris très au sérieux cette sinistre légende. Son esprit ingénieux lui suggéra aussitôt le moyen grâce auquel le baronnet pourrait disparaître sans que le crime fût imputé au véritable assassin.

Ayant conçu l'idée, il entreprit l'exécution avec une astuce considérable. Un aventurier banal se serait contenté d'agir avec un chien féroce. Le trait de génie consista à user de moyens artificiels pour conférer à l'animal une apparence diabolique. Il acheta le chien chez Ross and

Mangles, les marchands de Fulham Road à Londres : ce chien était le plus gros et le plus féroce qu'ils possédassent. Il le ramena par la ligne du Devonshire du Nord, et il fit un grand détour par la lande afin que personne ne le vît avec sa bête. […]

Dans ce tunnel obscur, le spectacle dut être affreux de cette énorme bête noire environnée de flammes bondissant à la poursuite de sa proie. Au bout de l'allée il tomba mort de terreur et de faiblesse cardiaque. Le chien avait couru sur la bordure gazonnée tandis que le baronnet s'enfuyait sur le gravier; voilà pourquoi on ne releva que des traces de pas d'homme. En le voyant étendu immobile, le chien s'approcha sans doute, le renifla, et s'écarta du cadavre : d'où les empreintes observées par le docteur Mortimer. Stapleton rappela son chien et il le ramena en toute hâte dans son repaire du grand bourbier de Grimpen : un mystère se posa alors qui embarrassa les autorités judiciaires, alarma les environs, et fut finalement soumis à notre perspicacité.

–Voilà comment mourut Sir Charles Baskerville. […]

L'essentiel était pour Stapleton de se procurer un objet vestimentaire de Sir Henry pour le cas où il aurait à se servir du chien : cet objet lui permettrait de le lancer sur la trace du propriétaire. Avec la promptitude et l'audace qui le caractérisent, il s'en occupa immédiatement : sans aucun doute le cireur ou une femme de chambre de l'hôtel furent soudoyés par lui. Le hasard voulut que le premier soulier fût absolument neuf et par conséquent impropre à ses desseins. Il se débrouilla donc pour en obtenir un deuxième. Incident significatif, qui me convainquit que nous avions affaire à un vrai chien, car il était impossible d'expliquer autrement cette obstination à se procurer un vieux soulier et cette indifférence à l'égard du soulier neuf. Plus un détail apparaît outré plus il mérite de retenir l'attention! Le détail qui semble compliquer un cas devient, pour peu qu'il soit considéré et manié scientifiquement, celui qui permet au contraire de l'élucider le plus complètement.

Sir Arthur Conan Doyle,
Le Chien des Baskerville,
Le Livre de Poche, 1996,
Traduit par Bernard Tourville
(R. Laffont, 1956)

Le meurtre de Roger Ackroyd

Le détective belge Hercule Poirot est le héros des romans de l'écrivain anglais Agatha Christie (1890-1976).

Un silence plana pendant quelques minutes. Puis, Poirot lança son mégot dans la cheminée et prit la parole d'une voix calme et réfléchie.

– Je vais refaire avec vous le chemin que j'ai moi-même suivi. Vous ferez chaque pas avec moi, et vous verrez vous-même que tous les indices convergent vers une seule personne, indiscutablement. Pour commencer, deux faits et un petit désaccord sur l'heure ont particulièrement attiré mon attention. Premier fait : le coup de téléphone. Si Ralph Paton était bien le meurtrier, cet appel était inutile et absurde. Donc, ai-je pensé, Ralph Paton n'est pas le coupable.

J'ai vérifié que l'appel ne provenait pas d'une personne de la maison, et pourtant je restais convaincu d'une chose : c'est parmi les personnes présentes à Fernly ce soir-là que je trouverais mon criminel. J'en déduisis que le message avait été envoyé par un comparse… ou, en bon anglais, devrais-je dire un complice? Cette conclusion ne me satisfaisait guère, mais je m'en contentai pour le moment.

Je m'interrogeai ensuite sur la raison de cet appel : question difficile. Je la posai donc autrement : quel résultat avait-il produit? Réponse : la découverte du crime le soir même, au lieu du lendemain matin, ce qui aurait probablement eu lieu sans cela. Vous êtes d'accord?

– Ou-oui… oui. Mr Ackroyd ayant donné des ordres pour ne plus être dérangé, il est en effet probable que personne ne serait entré dans son cabinet ce soir-là.

– Très bien, nous avançons, semble-t-il. Mais moi, j'étais toujours dans le noir. À quoi bon amener la découverte du crime le soir même, plutôt que le lendemain matin? La seule idée qui me vint à l'esprit fut la suivante : s'il connaissait l'heure de la découverte du crime, le meurtrier pouvait s'arranger pour se trouver sur les lieux quand on forcerait la porte, ou au moins tout de suite après. Et nous en arrivons à mon deuxième fait : le déplacement du fauteuil.

L'inspecteur Raglan a écarté ce détail, qu'il a jugé sans importance. Moi, au contraire, je l'ai toujours trouvé d'une importance extrême. Vous avez joint à votre manuscrit un petit plan très clair du cabinet de travail. Si vous l'aviez sur vous, vous pourriez constater que, placé là où Parker l'a trouvé, ce fauteuil s'interpose exactement entre la porte et la fenêtre.

– La fenêtre! m'écriai-je.

– Je vois que vous avez saisi ma première idée. J'ai d'abord supposé que le siège avait été déplacé pour cacher à un arrivant éventuel un indice quelconque en rapport avec la fenêtre. Mais je renonçai vite à cette supposition car, bien que ce fauteuil fût une vieille bergère à dossier haut, il ne cachait qu'une partie du vitrage, la moitié inférieure. Non, mon ami… mais rappelez-vous : il y avait une petite table, juste en face de cette fenêtre. Elle était couverte de journaux et de revues, et invisible quand la bergère était éloignée du mur. C'est alors que j'eus ma première intuition de la vérité, de façon encore très floue, mais instantanée.

Supposons qu'il y ait eu sur cette table un objet qu'on voulût cacher? Quelque chose que le meurtrier lui-même avait placé là? À ce moment-là, je ne voyais pas du tout ce que cet objet pouvait bien être mais j'avais quelques petites idées intéressantes sur le sujet. Par exemple, il s'agissait d'un objet que le meurtrier n'avait pas pu emporter après avoir commis son crime. Mais qu'il devait à tout prix reprendre après la découverte du corps, et cela le plus tôt possible. D'où cet appel téléphonique, qui lui permettait de se trouver sur les lieux au moment opportun. […]

Mais quel était cet objet? Tout à l'heure, je vous ai exposé ma théorie sur ces fragments de conversation plus ou moins bien saisis par deux témoins. Dès que j'appris la visite du représentant, cette idée de dictaphone s'implanta dans mon esprit. Vous avez entendu ce que j'ai dit dans cette même pièce il y a moins d'une demi-heure?

Ils ont tous accepté mon hypothèse, mais un point capital semble leur avoir échappé. Si, comme nous le supposons, Mr Ackroyd se servait bien d'un dictaphone ce soir-là, pourquoi ne l'a-t-on pas retrouvé?

– J'avoue n'avoir jamais pensé à cela.

– J'y reviens. Nous savons qu'un appareil de ce type a été livré à

Mr Ackroyd, mais on ne l'a pas retrouvé parmi ses objets personnels. Donc, si on a enlevé quelque chose qui se trouvait sur la table, pourquoi ne s'agirait-il pas du dictaphone, précisément? Cela n'a toutefois pas dû être facile. Certes, l'attention de tous devait se concentrer sur le corps de la victime et n'importe qui, sans doute, pouvait s'approcher de la table sans être vu. Mais on ne glisse pas discrètement un dictaphone dans sa poche, c'est un objet encombrant. Il fallait donc disposer d'un… comment dirais-je… d'un réceptacle.

Vous voyez où je veux en venir? La silhouette de notre meurtrier prend forme. Il s'agit d'une personne qui s'est trouvée immédiatement sur les lieux quand on a découvert le crime, mais qui aurait pu ne pas s'y trouver si cette découverte avait eu lieu le lendemain matin. Et de plus, d'une personne qui transportait le… le réceptacle nécessaire et donc…

J'interrompis cet exposé en m'écriant :

– Mais pourquoi enlever ce dictaphone? Dans quel but?

– Vous réagissez comme Mr Raymond. Vous tenez pour acquis que la voix reconnue par les deux témoins à 21 heures 30 était celle de Mr Ackroyd en train de parler dans son dictaphone. Mais réfléchissez aux possibilités qu'offre cette invention si pratique. On s'en sert pour dicter, n'est-ce pas? Après quoi, un secrétaire ou une dactylo le remet en marche et la même voix se fait entendre à nouveau.

J'en eus le souffle coupé.

– Vous voulez dire…?

– Oui, confirma Poirot en hochant la tête, c'est bien ce que je veux dire. À 21 heures 30 Mr Ackroyd était déjà mort. Ce n'était pas l'homme qui parlait, mais la machine.

– Et c'est le meurtrier qui l'a mise en marche. Mais alors… il était dans la pièce?

– C'est possible, mais n'oublions pas qu'il existe certains systèmes de déclenchement faciles à brancher, sur le principe de la minuterie, par exemple, ou encore du réveille-matin. Si notre criminel en a fait usage, cela nous donne deux précisions supplémentaires pour notre portrait imaginaire. La personne en question savait que Mr Ackroyd venait d'acheter un dictaphone et elle possédait les notions de mécanique nécessaires.

Agatha Christie,
Le Meurtre de Roger Ackroyd,
«Le Masque»
Librairie des Champs-Élysées, 1992

Le port des brumes

*Le premier «Maigret» écrit par l'écrivain belge Georges Simenon (1903-1989) est paru en 1930 (*Pietr le Letton*) : le commissaire de la PJ est aussitôt devenu une légende.*

Quand on avait quitté Paris, vers trois heures, la foule s'agitait encore dans un frileux soleil d'arrière-saison. Puis, vers Mantes, les lampes du compartiment s'étaient allumées. Dès Évreux, tout était noir dehors. Et maintenant, à travers les vitres où ruisselaient des gouttes de buée, on voyait un épais brouillard qui feutrait d'un halo les lumières de la voie.

Bien calé dans son coin, la nuque sur le rebord de la banquette, Maigret, les yeux mi-clos, observait toujours, machinalement, les deux personnages, si différents l'un de l'autre, qu'il avait devant lui.

Le capitaine Joris dormait, la perruque de travers sur son fameux crâne, le complet fripé.

Et Julie, les deux mains sur son sac en

imitation de crocodile, fixait un point quelconque de l'espace, en essayant de garder, malgré sa fatigue, une attitude réfléchie.

Joris! Julie!

Le commissaire Maigret, de la Police judiciaire, avait l'habitude de voir ainsi des gens pénétrer en coup de vent dans sa vie, s'imposer à lui pendant des jours, des semaines ou des mois, puis sombrer de nouveau dans la foule anonyme.

Le bruit des boggies scandait ses réflexions, les mêmes au début de chaque enquête. Est-ce que celle-ci serait passionnante, banale, écœurante ou tragique?

Maigret regardait Joris, et un vague souffre errait sur ses lèvres. Drôle d'homme! Car pendant cinq jours, quai des Orfèvres, on l'avait appelé «l'Homme», faute de pouvoir lui donner un nom.

Un personnage qu'on avait ramassé sur les Grands Boulevards, à cause de ses allées et venues affolées au milieu des autobus et des autos. On le questionne en français. Pas de réponse. On essaie sept ou huit langues. Rien. Et le langage des sourds-muets n'a pas plus d'effet sur lui.

Un fou? Dans le bureau de Maigret, on le fouille. Son complet est neuf, son linge neuf, ses chaussures neuves. Toutes les marques de tailleur ou de chemisier sont arrachées. Pas de papiers. Pas de portefeuille. Cinq beaux billets de mille francs glissés dans une des poches.

Une enquête aussi crispante que possible! Recherches dans les sommiers, dans les fiches anthropométriques. Télégrammes en France et à l'étranger. Et l'Homme souriant avec affabilité du matin au soir, en dépit d'interrogatoires éreintants!

Un personnage d'une cinquantaine d'années, court sur pattes, large d'épaules, qui ne proteste pas, ne s'agite pas, sourit, paraît parfois faire un effort de mémoire, mais se décourage aussitôt…

Amnésie? Une perruque glisse de sa tête et l'on constate que son crâne a été fendu par une balle, deux mois auparavant tout au plus. Les médecins admirent : rarement on a vu opération si bien faite!

Nouveaux télégrammes dans les hôpitaux, les cliniques, en France, en Belgique, en Allemagne, en Hollande…

Cinq jours entiers de ces recherches méticuleuses. Des résultats saugrenus, obtenus en analysant les taches des vêtements, la poussière des poches.

On a trouvé des débris de rogue de morue, c'est-à-dire d'œufs séchés et pulvérisés de ce poisson, qu'on prépare dans le nord de la Norvège et qui sert à appâter la sardine.

Est-ce que l'Homme vient de là-bas? Est-ce un Scandinave? Des indices prouvent qu'il a accompli un long voyage par chemin de fer. Mais comment a-t-il pu voyager seul, sans parler, avec cet air ahuri qui le fait remarquer aussitôt?

Son portrait paraît dans les journaux. Un télégramme arrive de Ouistreham : «Inconnu identifié!»

Une femme suit le télégramme, une jeune fille plutôt, et la voilà dans le bureau de Maigret, avec un visage chiffonné, mal barbouillé de rouge et de poudre : Julie Legrand, la servante de l'Homme!

Celui-ci n'est plus l'Homme! Il a un nom, un état civil! C'est Yves Joris, ancien capitaine de la marine marchande, chef du port de Ouistreham.

Julie pleure! Julie ne comprend pas! Julie le supplie de lui parler! Et il la regarde doucement, gentiment, comme il regarde tout le monde.

Le capitaine Joris a disparu de Ouistreham, un petit port, là-bas, entre Trouville et Cherbourg, le 16 septembre. On est fin octobre.

Qu'est-il devenu pendant ces six semaines d'absence?

Georges Simenon,
Le Port des Brumes,
Pocket, 2000

Maigret et le clochard

– On peut entrer? demandait Maigret à l'infirmière-chef.

Celle-ci examinait avec curiosité son compagnon et elle finit par hausser les épaules. Tout cela la dépassait. Elle renonçait à comprendre.

Pour le commissaire, c'était la dernière chance. Il s'avança le premier dans la salle où, comme la veille, les malades le suivaient des yeux, suivi de Jef qu'il cachait partiellement, tandis que Torrence fermait la marche.

Le Toubib le regardait venir sans

curiosité apparente et, quand il découvrit le marinier, il ne se produisit aucun changement dans son attitude.

Quant à Jef, il ne se démontait pas plus qu'il ne l'avait fait au cours de la nuit. Les bras ballants, le visage indifférent, il observait ce spectacle, inhabituel pour lui, d'une salle d'hôpital.

Le choc espéré ne se produisait pas.

– Avancez. Jef…

– Qu'est-ce que je dois encore faire?

– Venez ici…

– Bon… Et après?

– Vous le reconnaissez?

– Je suppose que c'est lui qui était dans l'eau, n'est-ce pas?… Seulement, ce soir-là, il avait de la barbe…

– Vous le reconnaissez quand même?

– Je crois…

– Et vous, monsieur Keller?

Maigret retenait presque sa respiration, les yeux fixés sur le clochard qui le regardait et qui, lentement, se décidait à se tourner vers le marinier.

– Vous le reconnaissez?

Est-ce que Keller hésitait? Le commissaire l'aurait juré. Il y avait un long moment d'attente, jusqu'à ce que le médecin de Mulhouse regarde à nouveau Maigret sans manifester d'émotion.

– Vous le reconnaissez?

Il se contenait, presque furieux, soudain, contre cet homme qui, il le savait à présent, avait décidé de ne rien dire.

La preuve, c'est qu'il y avait, sur le visage du clochard, comme une ombre de sourire, de la malice dans ses prunelles.

Ses lèvres s'entrouvraient et il balbutiait :

– Non…

– C'est un des deux mariniers qui vous ont retiré de la Seine…

– Merci… prononçait une voix à peine perceptible.

– C'est lui aussi, j'en suis à peu près sûr, qui vous a donné un coup sur la tête avant de vous jeter à l'eau…

Silence. Le Toubib restait immobile, de la vie seulement dans les yeux.

– Vous ne le reconnaissez toujours pas?

C'était d'autant plus impressionnant que cela se passait à voix basse, avec deux rangs de malades couchés qui les épiaient et qui tendaient l'oreille.

– Vous ne voulez pas parler?

Keller ne bougeait toujours pas.

– Vous savez, pourtant, pourquoi il vous a attaqué…

Le regard devenait plus curieux. Le clochard paraissait surpris que Maigret en eût appris autant.

– Cela remonte à deux ans, quand vous couchiez encore sous le pont de Bercy… Une nuit… Vous m'entendez?

Il faisait signe qu'il entendait.

– Une nuit de décembre, vous avez assisté à une scène à laquelle cet homme participait…

Keller semblait se demander à nouveau quelle décision prendre.

– Un autre homme, le patron de la péniche près de laquelle vous étiez couché, a été poussé dans le fleuve… Celui-là n'en a pas réchappé…

Toujours le silence et, enfin, une complète indifférence sur le visage du blessé.

– Est-ce vrai?… Vous retrouvant lundi quai des Célestins, le meurtrier a eu peur que vous parliez…

La tête bougeait légèrement, avec effort, juste assez pour que Keller puisse apercevoir Jef Van Houtte.

Or, son regard restait sans haine, sans rancune, et on n'aurait pu y trouver qu'une certaine curiosité.

Maigret comprit qu'il ne tirerait rien d'autre du clochard et, quand l'infirmière-chef vint leur annoncer qu'ils étaient restés assez longtemps, il n'insista pas.

Dans le couloir, le marinier redressait la tête.

– Vous êtes bien avancé, n'est-ce pas?

Il avait raison. C'était lui qui avait gagné la partie.

– Moi aussi, triomphait-il, je peux inventer des histoires…

Et Maigret ne put s'empêcher de grommeler entre ses dents :

– Ta gueule!…

Georges Simenon,
Maigret et le clochard,
Presses de la Cité, 1956

Maigret se trompe

Maigret avait interrogé des milliers, des dizaines de milliers de gens au cours de sa carrière, certains qui occupaient des positions considérables, d'autres qui étaient plus célèbres par leur richesse et d'autres encore qui passaient pour les plus intelligents parmi les criminels internationaux.

Or, il attachait à cet interrogatoire-là une importance qu'il n'avait attachée à aucun interrogatoire précédent, et ce n'était pas la situation sociale de Gouin qui l'impressionnait, ni la célébrité dont il jouissait dans le monde entier.

Il sentait bien que Lucas, depuis le début de l'affaire, se demandait pourquoi il n'allait pas carrément poser quelques questions précises au professeur et, maintenant encore, le brave Lucas était dérouté par l'humeur de son patron.

La vérité, Maigret ne pouvait la lui avouer, ni à personne, pas même à sa femme. À vrai dire, il n'osait pas se la formuler nettement en pensée.

Ce qu'il savait de Gouin, ce qu'il en avait appris l'impressionnait, soit. Mais pour une raison que nul, probablement, n'aurait devinée.

Comme le professeur, Maigret était né dans un petit village du centre de la France et, comme lui, il avait été de bonne heure livré à lui-même.

Maigret n'avait-il pas commencé ses études de médecine? S'il avait été en mesure de les continuer, il ne serait vraisemblablement pas devenu chirurgien, faute de l'habileté manuelle nécessaire, mais il n'en avait pas moins l'impression qu'il existait des traits communs entre lui et l'amant de Lulu.

C'était orgueilleux de sa part et c'est pourquoi il préférait n'y pas penser. Ils avaient l'un et l'autre, lui semblait-il, une connaissance à peu près égale des hommes et de la vie.

Pas la même, pas les mêmes réactions, surtout. Ils étaient plutôt comme contraires, mais des contraires de valeur équivalente. […]

Il s'était demandé si Gouin les recevrait au salon, dans la partie en quelque sorte familiale de l'appartement. Il n'eut pas la réponse tout de suite. La domestique accrocha les vêtements dans un placard, laissa les visiteurs dans l'antichambre et disparut.

Elle ne revint pas, mais Gouin ne tarda pas à s'avancer et, ici, il paraissait plus grand et plus maigre. Il les regarda à peine, se contenta de murmurer :

– Voulez-vous venir par ici…

Il les précéda dans un couloir qui conduisait à la bibliothèque. Les murs en étaient presque entièrement couverts de livres reliés. Il y régnait une douce lumière et des bûches flambaient dans une cheminée beaucoup plus vaste que chez Lucile Decaux.

– Asseyez-vous.

Il leur désignait des fauteuils, en choisissait un. Tout cela ne comptait pas.

L'un et l'autre ne s'étaient pas encore regardés. Lucas, qui se sentait de trop, était d'autant plus mal à l'aise que le fauteuil était trop profond pour ses courtes jambes et qu'il se trouvait assis le plus près du feu.

– Je m'attendais à ce que vous veniez seul.

Maigret présenta son collaborateur.

– J'ai amené le brigadier Lucas, qui prendra des notes.

C'est à ce moment que leurs regards se croisèrent pour la première fois et Maigret lut comme un reproche dans les yeux du professeur. Peut-être aussi, mais il n'en était pas sûr, une certaine déception? C'était difficile à dire parce que, extérieurement, Gouin était assez banal. On voit, au théâtre, des acteurs, surtout des basses chantantes, qui ont ce grand corps osseux et ce visage aux traits fortement dessinés, aux yeux soulignés de poches. [...]

– Je ne vous ai pas encore appris pourquoi je vous ai téléphoné en vous priant de venir. Remarquez que, de toute façon, j'avais le désir de vous rencontrer.

C'était un homme, et il était sincère. Depuis qu'ils étaient en face l'un de l'autre, il n'avait cessé d'observer le commissaire et ne s'en cachait pas, l'examinait comme un spécimen humain qu'il avait envie de connaître.

– Pendant que nous dînions, ma femme et moi, j'ai reçu un coup de téléphone. Il s'agit de quelqu'un que vous connaissez déjà, de cette Mme Brault qui servait de femme de ménage à Louise.

Il ne disait pas Lulu, mais Louise, parlait d'elle aussi simplement que des autres, sachant bien qu'il était superflu de fournir des explications.

– Mme Brault s'est mis en tête qu'elle possède un moyen de me faire chanter. Elle n'y est pas allée par quatre chemins, encore que je n'aie pas compris immédiatement sa première phrase. Elle m'a dit :

– J'ai le revolver, monsieur Gouin.

Georges Simenon,
Maigret se trompe,
Presses de la Cité, Livre de Poche

Le premier hebdomadaire des faits divers

La revue Détective, *créée par Gaston Gallimard, paraît du 1er novembre 1928 à la guerre. C'est Georges Kessel, le frère de Joseph, et Marius Larique qui la dirigent successivement. La qualité des textes qui la composent, souvent dus à des auteurs de la NRF, ajoutée à la richesse graphique de la maquette, en fait un document exceptionnel sur la criminalité dans les années 1930.*

Comment ils avouent

La vieille Desnoyers fut trouvée un matin, morte, sur le glacis de Romainville. C'était aux beaux jours. Elle reposait sur un gazon pauvre. L'homme qui la découvrit sans vie appela à l'aide comme s'il craignait d'être soupçonné du meurtre. Il était de la caste des rôdeurs et la vieille femme avait été étranglée…

Les passants s'attroupèrent. Quelques-uns se souvinrent d'avoir aperçu la vieille Desnoyers, dans les brancards d'une voiture de quatre-saisons. La police arriva enfin. Elle examina la morte, elle dénombra les objets qu'elle conservait encore et les premières constatations médico-légales étant faites, elle entreprit la recherche de l'assassin…

Il était normal que M. Nicole, chargé de l'enquête, se préoccupât de rechercher le mari ou l'ami de la victime, qu'il examinât les sources de profits grâce auxquels il lui était possible de subsister. De mari elle n'avait point et on lui connaissait beaucoup d'amis, des rôdeurs et des déclassés. Enfin ses ressources étaient maigres. On en trouva une preuve chez un cabaretier où, avant d'aller mourir, elle avait bu un dernier café. La vieille Desnoyers, quand elle avait payé, avait étalé sa fortune misérable : quelques pièces de vingt sous, dont une n'avait plus cours : un Napoléon découronné.

Les policiers notèrent ce détail sans y prêter plus d'attention qu'il ne paraissait en mériter. C'est cependant grâce à d'infimes remarques de cet ordre que souvent se dénoue le premier acte de la comédie judiciaire, celui qui prépare l'acte essentiel de l'instruction et celui capital des assises. Puis, ils se rendirent chez tous ceux qui avaient connu la vieille femme et les interrogèrent. Le dernier qu'ils virent, Félicien Chanut, vieil ivrogne, paraissait insoupçonnable. C'était un pacifique marchand de quatre-saisons, comme Mme Desnoyers. Cependant, par habitude professionnelle, les policiers s'inquiétèrent de ses ressources…

– Elles ne sont pas brillantes, dit l'hôtelier. Hier soir, il est rentré à minuit et comme il me demanda du café, il ne put me le payer, car il ne possédait qu'une pièce fausse…

– Un Napoléon découronné?

– Justement, dit l'hôtelier. Comment le savez-vous?

– Vous l'a-t-il donné!…

– Non. Je le lui ai rendu…

COMMENT ILS AVOUENT

12 13

Un Napoléon découronné, comme celui qu'on avait vu à la vieille femme! Coïncidence troublante!… Les policiers firent effort pour l'oublier quand ils se trouvèrent en présence de Chanut, mais cependant ils lui demandèrent de partir avec eux…

Une fois dans la rue, M. Nicole invita l'homme prendre le café. On était en effet au matin et la surveillance devant l'hôtel avait été longue. Chanut accepta, puis :

– Est-ce vous qui l'offrez, le café? Parce que moi, je n'ai plus d'argent.

– Pas un sou? interrogea M. Nicole.

– Si, une pièce fausse.

– Montre voir.

L'homme sortit la pièce. M. Nicole la prit, la mit dans son gousset.

– Tiens, je la garde.

C'était la première pièce à conviction […].

Chanut sursauta. Le policier, dans une intuition, venait de découvrir le ressort secret dont le déclenchement pouvait entraîner les aveux de l'assassin.

M. Lecoq, *Détective*, 2 avril 1931

Coup de main : la rafle au musette

La ruelle aux masures lépreuses, où des enseignes lumineuses éclairent les façades ripolinées des musettes : c'est la rue de Lappe. C'est là que dévalèrent les autocars des troupes d'assaut. Cars d'Américains ou cars de police? Les guetteurs payés pour rester aux portes des bals et y jeter l'alarme en cas de nécessité, n'eurent pas le temps de crier. Toute la police occupait la rue, en barrant les issues.

– Stop!

M. Priolet avait pénétré chez Bouscat, et d'un geste, il avait fait taire la musique.

– Police! que chacun prenne son

300.000 EXEMPLAIRES DU N°3 ONT ÉTÉ VENDUS EN UN SEUL JOUR

VOILÀ

Samedi prochain le quatrième numéro

16 PAGES 1 FRANC

PROCHAINEMENT

Autour du Crime

DÉTECTIVE

COUP DE MAIN

chapeau et son manteau et sorte, mes voitures sont à la porte…, allez vite, sortez!…

Au bruit, succéda le silence. La foule demeurait hésitante, ne sachant s'il s'agissait d'une rafle ou d'une fouille comme il lui arrive souvent d'en subir… Entre les tables, les garçons, «louffiats» en veste blanche, s'affairaient, faisant payer les retardataires ou ceux à qui est consenti, pour le temps d'une danse, un éphémère crédit.

– Sortez!

Quelques-uns des curieux que la vie troublante des bals musettes attirent comme un piège furent les seuls à protester. Ils pouvaient justifier d'un métier, d'un domicile… Ils se réclamaient du droit que doit avoir tout citoyen d'une grande ville de pénétrer dans une maison ouverte, tolérée et d'en sortir quand bon leur semble, sous la seule réserve de justifier de leur identité lorsque l'exige la police… Peine perdue!

– Nous verrons cela à la police judiciaire!…

Marlous, bourgeois et filles, défilèrent donc entre la haie des policiers jusqu'aux autocars. Il y avait là ces jeunes gens qui conservent les traditions de leur métier d'argot : la casquette chiffonnée et le foulard classique. Il y avait ces filles qui vont échevelées et chaussées de bas de laine et de sabots, comme les marchandes aux halles. Au passage, des policiers tâtaient leurs poches et leur faisaient ouvrir leurs sacs pour y confisquer leurs armes…

Frédéric Dupin, *Détective*, 16 avril 1931

L'empreinte fatale

L'homme était assis, surveillé par une voisine, lorsque l'inspecteur Galland entra. D'un coup d'œil le policier l'examina :

– Qui es-tu? Que fais-tu là?

– Je me nomme Boyer Alexandre, 41 ans… Je voulais voir Mme Marquer.

– Tu la connais?

Il y eut une imperceptible hésitation :

– Non.

– Tu t'expliqueras devant le commissaire.

Au poste de la Goutte d'Or, l'inspecteur fit asseoir son compagnon, et, remarquant la serviette qu'il avait sous le bras :

– Tu es voyageur de commerce?

– Oui.

– Fais voir.

La serviette ouverte montra son contenu : 12 cuillers en argent et un petit burin, dont la lame était large, d'un centimètre. Le policier se mit à rire :

– Je passais rue de Panama, quand de l'immeuble portant le n° 8, je vis sortir une vieille femme qui, en courant, me heurta. Elle s'excusa d'abord et repartit en criant : «un agent! un agent!» La rattraper, décliner ma qualité, n'a été, tu le penses bien, que l'affaire de quelques secondes. C'est ainsi que j'ai eu le plaisir de faire sa connaissance. Me diras-tu comment la brave femme en question Mme Louise Van Kummenade a eu le déplaisir de faire la tienne?

Le ton était bon enfant et, maintenant qu'il n'était plus sous le coup de la surprise, Boyer le sentait ragaillardi. Il raconta sans aigreur son aventure de la matinée et avoua en souriant :

– Vous avez gagné. Il me serait vraiment trop difficile de nier. J'avais décidé, depuis quelque temps de visiter le domicile de Mme Marquer, qui, m'avait-on dit, était très confortable. J'espérais une opération fructueuse. Je savais que le matin la femme de ménage était absente et que je pourrais opérer en toute tranquillité. J'avais commencé à fracturer quelques meubles, lorsque j'entendis tourner la clef dans la serrure.

FAITS DIVERS
LA TRAGED
DE STARW
VOTRE DES
20
34
57
95
Nos
Gloires Nationale
MILLE ABONNEMENTS GRATU

L'EMPREINTE FATALE

Affolé je cherchais en vain à me cacher et je me trouvais bientôt en face de Mme Van Kummenade, qui, un sac de farine dans les bras, ne put que pousser un cri qui attira la voisine qui l'accompagnait sur le palier.

Les questions que l'on pose aux cambrioleurs dans ces cas sont toujours les mêmes : «Que faites-vous là?» Comme si ça ne se voyait pas! J'ai répondu, tentant tout de même ma chance : «J'attends Mme Marquer». Je vais la chercher, dit la femme de ménage. La voisine n'était pas rassurée, mais j'espérais que la Providence m'aiderait encore une fois et que sans violence, je pourrais me sortir de ce mauvais pas. Je ne l'ai pu. C'est vous qui êtes arrivé. Je suis pris. Je devais m'y attendre.

– Tu as déjà été condamné?

– Jamais.

Ainsi prit fin l'interrogatoire. Il devait reprendre quelques instants plus tard, lorsque, muni des renseignements donnés par les services de la P. J., Galland décida de passer à une seconde offensive.

– C'est toi qui a fait le coup de Vervins? Boyer tressaillit et balbutia :

– Je ne sais pas ce que vous voulez dire.

– La domestique du juge d'instruction sera là dans un instant. Elle te reconnaîtra. Si c'est toi le coupable il vaut mieux que tu parles…

Et pour la seconde fois Boyer parla. Il raconta comment, le 11 mai dernier, il s'était présenté chez M. Lassard, juge d'instruction à Vervins, et demeurant 77, rue de la Chapelle. Il s'était adressé d'abord à un voisin, M. Daniel Wiedmann, 71 ans, à qui il avait demandé si le magistrat était arrivé. Il lui raconta que privé de situation, il était dans la plus grande gêne. On lui avait donné, affirme-t-il, une lettre de recommandation pour M. Lassard qui lui trouverait peut-être du travail. M. Wiedmann conduisit le solliciteur jusqu'à l'appartement du juge d'instruction où la bonne, Mlle Parel, les accueillit.

– Je suis seule, dit la servante.

– Pourrais-je laisser un mot pour M. Lassard?

Elle accepta, le fit entrer. Quand il eut fini d'écrire, il se dirigea vers la porte; la bonne l'accompagnait. Brusquement, il se retourna, sortit un revolver de sa poche et le braquant sous le nez de l'infortunée domestique, il lui posa la question habituelle :

– Où est l'argent?

Paralysée par la peur, Mlle Parel essayait en vain de répondre. Fort heureusement, quelqu'un montait dans l'escalier. Le malfaiteur prit la fuite.

Mais ce n'était pas là le seul exploit de Boyer. Ses cambriolages étaient nombreux. Le burin trouvé dans sa serviette avait laissé des traces partout où il s'en était servi. Ce complice, cet instrument muet, était plus éloquent que tous les témoignages. Quand on crut tout fini, on prit les empreintes digitales du cambrioleur. On allait le conduire au dépôt, lorsqu'une nouvelle stupéfiante vint ranimer l'intérêt :

– C'est l'assassin de la rue Custine!

Les empreintes digitales avaient parlé.

G. Rougerie,
Détective, 4 juin 1931

Démasqués!

On lisait devant moi le rapport du médecin qui condamna l'encaisseur Joseph Amiot, cet homme un peu simple qui, pour s'approprier cinquante mille francs, simula une agression dans le bois

POUR UN FRANC
le grand hebdomadaire
du reportage
VOILA
offre à ses lecteurs
60 photographies
3.000 lignes de texte
un grand roman
de J. Kessel
des reportages: politiques
d'aventures
d'actualité
burlesques
sportifs
indiscrets
et ses concours de
pronostics hebdomadaires
dotés de prix en espèces d'une valeur de
150.000 FRANCS
SAMEDI PROCHAIN
dans son numéro 13
LE SORCIER
DES VISAGES
Sensationnel reportage par Pierre VOTTE

PARTOUT
PLUS DE SÉRÉNITÉ

PARTOUT

CONCOURS
DES 13 DILEMMES

DÉTECTIVE
ADMINISTRATION RÉDACTION ABONNEMENTS
DIRECTEUR : GEORGES KESSEL
DÉTECTIVE

2

DÉMASQUÉS !

3

de Brunoy. Et j'y trouvai une nouvelle démonstration de l'utilité de la police scientifique. [...]

M. Amiot était, bien entendu, incapable de donner le signalement de ses agresseurs. L'émotion lui avait enlevé, semblait-il, toute faculté de voir et d'entendre. On refit le chemin qu'il avait suivi : on y trouva la sacoche, contenant toujours pour quatre-vingt mille francs d'effets de commerce. Mais elle était délestée d'une liasse de cinquante billets de mille...

Et c'est bien là qu'apparaît l'importance de la police scientifique. Le récit de M. Amiot eût été certainement accepté pour vrai si les services des empreintes n'eussent été troublés par le fait que les empreintes de mains relevées sur la sacoche correspondaient toutes à celles de l'encaisseur et seulement à lui... Cela parut suspect et l'on fit appel à un autre expert, cette fois médecin... Le médecin examina la blessure de l'encaisseur : il démontra que la balle avait été tirée à moins de cinquante mètres de l'épaule et par devant, contredisant en ceci les dires du volé. L'enquête, dès lors, n'eut qu'à se poursuivre pour qu'on arrivât à confondre le simulateur. Il fut établi que le jour de l'agression simulée, Joseph Amiot avait confié une valise à un voisin. Cette valise fut ouverte : on y trouva les cinquante mille francs recherchés... Le misérable maladroit ne tarda plus, désormais, à confesser sa supercherie. Il invoquait des motifs pitoyables : le désir de retrouver sa femme et sa fille, parties le jour de la Pentecôte, loin du logis où le besoin régnait en maître. On le mit en prison...

F. Dupin,
Détective, 18 juin 1931

Une police technique et scientifique

Le développement de la Police technique et scientifique dans l'enquête judiciaire trouve son expression jusque dans la fiction. Le roman policier anglo-saxon la place au premier plan, s'inspirant des nouvelles technologies pour dénouer l'intrigue.

Un méga-trip d'héro

Il appela ensuite au labo, Donovan lui apprenant alors qu'il n'y avait aucune empreinte sur le kit du parfait junkie retrouvé dans la poche de chemise de Meadows, et rien que des traces plus que floues sur la bombe de peinture. Les cristaux marron clair retrouvés sur le coton? De l'héroïne pure à 55 %, mélange asiatique. Bosch savait que celle qui circulait en ville et que les toxicos s'injectaient était pure à 15 % environ. On avait donc offert à Meadows un méga-trip. Pour Harry, les résultats des tests de toxicologie n'étaient plus qu'une formalité : Meadows avait été assassiné.

Michael Connelly,
Les Égouts de Los Angeles,
Le Seuil, 1993,
Traduit de l'américain par Jean Esch

Un macabre menu

Du poisson cuisiné retrouvé dans le wagon et des traces dans son sac à main. Nous les avons fait analyser et il apparaît que cela provient de produits d'excellente qualité, bien meilleure que tout ce qu'on peut trouver en grandes surfaces. Flétan, homard, sole, etc. Apparemment, il y a un magasin d'alimentation haut de gamme près de Lower Bond Street qui prépare ses propres mets surgelés, pour quinze livres la bouchée. Je leur ai décrit par téléphone ce que le labo a identifié comme ingrédients, et ils reconnaissent que cela pourrait venir de chez eux.

Bill James, *Retour après la nuit*,
Rivages/Noir, 1998,
Traduit de l'anglais par D. et P. Bondil

Des boutons compromettants

Elle s'approche d'une table couverte de vêtements répartis en tas. Il pourrait s'agir du linge sale de n'importe qui, si ce n'étaient les grosses taches de sang séché qui apparaissent sur une chemise blanche et un pantalon. Ces tas sont posés en divers points de la table, prêts à être rangés dans de grands sacs de papier numérotés et étiquetés pour identification ultérieure, un des maillons de la chaîne bourgeonnante des preuves matérielles.

Je constate que tous les boutons de la chemise blanche manquent. Elle me dit qu'elle les a coupés sur la scène du crime et enfermés dans un sac à titre de preuve. Ils ont été descendus aux empreintes latentes où on les traitera dans un creuset de super-colle chauffée. C'est un peu tiré par les cheveux, mais, sait-on jamais, le meurtrier a pu, par inadvertance, en toucher un avec ses mains non gantées.

Si les politiciens locaux redoutent que des bévues soient commises lors des premières constatations sur la scène du crime, ils peuvent dormir sur leurs deux oreilles avec Kay Sellig.

Steve Martini,
Principal témoin,
Grasset, 1996,
Traduit de l'américain
par Marie-Caroline Aubert

Une lumière révélatrice

Vander appuya sur un bouton. Le petit tube émit une lumière synchronisée et clignotante, aussi brillante que du chrysobéryl liquide. La lumière, au lieu de dissoudre l'obscurité, paraissait l'absorber. Elle ne brillait pas mais coulait sur les surfaces qu'elle rencontrait. Je vis clignoter la blouse de Vander lorsqu'il se pencha par-dessus la table pour braquer le tube vers la tête de la victime.

Le faisceau lumineux n'explorait que quelques centimètres carrés de peau à la fois. De minuscules fibres s'illuminèrent comme des fils de fer chauffés à blanc. Je les prélevai avec ma pince. Mes mouvements, décomposés par le clignotement,

me donnaient l'impression de bouger au ralenti lorsque je portais les fibres jusqu'au chariot où étaient disposés les petites boîtes et les sacs plastique où je les glissais. Aller, retour. Tout était fragmenté. Le bombardement du laser isolait une partie du visage après l'autre, illuminant un coin de lèvre, une pommette piquetée de taches rouges, l'aile du nez. Mes doigts gantés ne m'appartenaient plus…

… Nous l'avions déjà utilisé dans une vingtaine de cas, dont quelques-uns seulement en méritaient l'usage. Outre son utilité pour collecter les indices matériels, il met en évidence certains composants de la transpiration, qui brillent comme des néons lorsque le faisceau les illumine. Théoriquement, il permet de repérer et d'identifier une empreinte digitale sur la peau, ce que la poudre à empreintes ou les méthodes chimiques sont impuissantes à réaliser.

Patricia Cornwell, *Post*,
Éditions du Masque – Hachette Livre,
1998, Traduit de l'américain
par Gilles Berton

Le bon échantillon

Je veux que l'on procède à un nouvel examen ADN, mais cette fois, à partir de cellules prélevées dans le cerveau, car, ailleurs que dans les cellules sanguines, l'ADN de Steven n'a pas été modifié par la transplantation de moelle. La moelle fabrique des cellules sanguines, de sorte que si vous avez été transplanté, votre nouvelle moelle produira les mêmes cellules que celles du donneur. Mais les cellules du cerveau, de la rate ou du sperme ne changent pas.

Patricia Cornwell,
Et il ne restera que poussière…,
Éditions du Masque – Hachette Livre,
1998, Traduit de l'américain
par Gilles Berton

Garde-robe

Deux vêtements avaient disparu de la scène du crime : un blouson et un imperméable. Cela signifiait-il qu'ils étaient en présence de deux meurtriers?

– Peut-être que le blouson risquait de nous mettre sur la piste du tueur, fit Havers comme si elle lisait dans les pensées de Lynley.

– Si notre tueur se préoccupait

de ce que la police scientifique pouvait «faire dire» aux vêtements, il aurait dû déshabiller le corps complètement. Qu'est-ce que ça lui rapportait d'embarquer uniquement le blouson?

Elizabeth George,
Une patience d'ange,
Presses de La Cité, 1999,
Traduit de l'américain
par Dominique Wattwiller

La vérité est dans le cheveu

– Si votre grand-mère a été empoisonnée, l'analyse des cendres par un laboratoire pourrait révéler quelque chose.

Connie regarda sa mère, qui fronça les sourcils et demanda :

– Quoi?

– Tu as pensé à cette mèche de cheveux dans le cadre, avec sa photo? Tu m'as dit que tu les avais coupés le jour de sa mort.

Helen se couvrit la bouche d'une main.

– Oh, c'est vrai! J'avais complètement oublié. Est-ce qu'une mèche de cheveux pourrait vous aider?

– Je ne sais pas, dit Lucas en haussant les épaules.

Sherrill, qui n'était pas intervenue jusque là, éleva la voix :

– Le toubib d'Oxford pense que George Lamb a été empoisonné à l'arsenic. Si Amelia a été tuée de la même manière, et la situation paraît similaire, eh bien, cela peut se voir dans ses cheveux.

John Sandford
La Proie secrète,
Belfond, 2000,
Traduit de l'américain
par Marie-Caroline Aubert

Le parcours du combattant

Il dirigeait le labo avec compétence et douceur et obtenait des résultats parfois étonnants. Le laboratoire était divisé en sept sections et couvrait presque tout le rez-de-chaussée du Commissariat central, en plein centre de la ville. Les sept sections étaient les suivantes :

1) Physique et Chimie
2) Biologie
3) Section générale
4) Armes à feu
5) Documents et faux
6) Photographie
7) Mécanique.

On transmit d'abord le soutien-gorge à la section de physique.

Ed McBain,
Faites-moi confiance,
Gallimard, 1957,
Presses de la Cité, 1999 (Omnibus),
Traduit de l'américain par Louis Saurin
et Jean-François Merle

Des fibres mystérieuses

Je viens voir si vous avez du nouveau sur Beryl Madison, dis-je.

– Plus que vous n'espériez, je crois? (Elle feuilleta son calepin.) Les indices sont si nombreux que c'est un vrai casse-tête.

Je n'en fus pas surprise. J'avais communiqué aux labos une multitude d'enveloppes et de lamelles. Le cadavre de Beryl baignant littéralement dans le sang, une foule de débris s'y étaient collés, comme des insectes pris au piège. Isoler les fibres recueillies s'était avéré particulièrement difficile. Il avait fallu en effet les nettoyer pour que Joni puisse les examiner. On les avait donc trempées une à une dans une pochette contenant une solution savonneuse, laquelle était à son tour placée dans un bain à ultra-sons. Lorsque le sang et la poussière s'étaient détachés, on filtrait la solution, puis chaque fibre était monté sur une lamelle. [...]

Joni s'empara d'un classeur à lamelles, le feuilleta et en sortit le dossier qu'elle cherchait. Elle écarta les rabats et examina les rangées de lamelles de verre.

– En plus de ces fibres de laine, nous avons trouvé un certain nombre de fibres de coton blanc, qui ne présentent aucun intérêt, puisqu'elles peuvent provenir de tas de choses, y compris du drap dont nous avons recouvert le corps. Mais j'ai aussi examiné une dizaine de fibres récoltées dans ses cheveux, sur son cou et sa poitrine, ainsi que des débris recueillis sous ses ongles. Ce sont des fibres synthétiques. (Elle releva les yeux vers moi.) Elles ne correspondent à aucun des échantillons communiqués par l a police.

Patricia Cornwell,
Mémoires mortes,
Éditions du Masque – Hachette Livre,
Traduit de l'américain par Gilles Berton

Un expert en balistique

– Vous n'ignorez pas que nous pouvons déterminer la marque et la provenance d'une arme à feu, si nous avons la balle tirée par ladite arme à feu.

– C'est bien pourquoi nous sommes là, coupa sèchement Hawes.

– Oui. Eh bien, nous examinons les stries, sur la balle, qui sont en spirale, et nous cherchons si la spirale tourne à droite ou à gauche. Nous calculons la largeur, le nombre de stries et...

– L'arme qui a tué Annie Boone? demanda Hawes.

– Oui. J'y arrive.

– Quand? demanda Hawes.

Carella lui jeta un coup d'œil mais Hawes resta imperturbable.

– Hmm, poursuivit Kroning un peu décontenancé. La plupart des canons ont un nombre pair de stries en spirale. Entre les stries, la surface lisse s'appelle un plan. Par exemple, il n'y a que huit automatiques...

– Huit automatiques qui ont cinq plans, acheva Hawes. Et l'arme du crime?

– J'y venais. La plupart des calibres .25 ont six plans. Si nous nous trouvons devant deux armes qui ont le même nombre de plans, nous pouvons encore les différencier en cherchant si la spirale tourne à droite ou à gauche. Vous me suivez?

– C'est très clair.

– Peu d'automatiques ont leur spirale orientée à gauche.

– Il y en a quelques-uns, dit Hawes. Les .25 et .35 espagnols.

– Oui, oui. Et le Bayard et le Colt .25 aussi.

– Pourquoi insistes-tu tellement sur les .25? voulut savoir Carella.

– Parce que cette balle a six plans, une spirale orientée à gauche et le...

– Au fait, dit Hawes.

– Eh bien, nous avons consulté nos tableaux, vérifié le nombre, la longueur, la largeur et la direction des spirales, et nous avons enfin découvert la marque et le calibre de l'arme qui a tiré cette balle.

– Qui est?

– Un automatique Colt .25.

Ed McBain,
Victime au choix,
Presses de La Cité, 1958,
Traduit de l'américain
par Louis Saurin et Christophe Claro

Les chansons de la Crim'

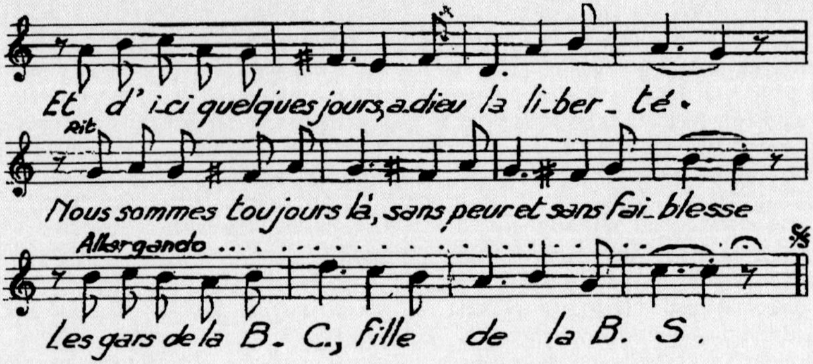

Le chant de la BS

Avant la Seconde Guerre mondiale, la Crim' s'appelait Brigade spéciale; afin d'éviter toute confusion avec les brigades «spéciales» chargées de la chasse aux résistants, aux Juifs et aux communistes, la BS a été rebaptisée Brigade criminelle.

Fuyez donc les truands, les gangsters et les autres
Et vous escrocs aussi, filous mauvais apôtres
Gare à vous assassins et sinistres bandits
Méfiez vous des «durs» de tous les acabits
Sans trêve et sans merci, on vous suit, on vous guette
Vous tous qui n'avez pas la conscience nette,
Bientôt vous n'aurez plus d'asile en sûreté.

Car on est toujours là, sans peur et sans faiblesse
Les gars de la BC, fille de la BS.

Pranzini, Carrara, des assassins illustres
Sont passés par nos mains, au cours des derniers lustres
Gabrielle Bompard et son amant Eyraud
Plus près de nous Landru, plus récemment Petiot.
Et votre tour viendra, de passer votre tête,
À l'aube, un beau matin, dans la borgne lunette
Et d'être trimbalé par un vieux canasson
Le corps en deux morceaux, dans le panier à son.

C'est la guerre entre nous, c'est la guerre totale
Qu'importe qu'elle soit, parfois, pour nous fatale
Les Blot et les Mugat, les Binnet, les Curnier
Sont tombés en héros, tout comme Marcadier
Nous les avons vengés, pour que leur sacrifice
Soit encore plus beau, que rien ne le ternisse.
Messieurs les criminels, sachez tout bonnement
Qu'un de nous terrassé en fera surgir cent…

Paroles de Louis Riboulet,
un ancien de la Brigade criminelle,
Musique de D. Granger

«BS Revue»

Extraits d'une «Chanson satirique vendue au profit de la Caisse pour l'entretien des Tombes des Victimes du Devoir».

3e couplet
«Allô Totor», «Allô, j'écoute»,
«Allô, bonjour, toi vieille noix»
Vous avez reconnu sans doute
L'auteur de ce langag' de choix
Pour guérir sa téléphonite
Son foie, sa rate et sa gigite
L'préfet l'a mis, vous savez où…
Moi, je prétends que c'est Gaston.

4e couplet
Ce qui touche à la politique,
C'est le rayon de Ballerat,
Meunier, Berton, toute la clique
Sébastien Faure, Almereyda
Il supporte tout ça… placide.
Faut-il qu'sa santé soit solide?
Moi je n'ai vu qu'un' fois Daudet…
Le lend'main j'ai dû me purger.

5e couplet
Pour tous les faux billets de banque,
Sevêtre et notre Principal
Savent organiser la planque
Ils s'en acquittent… pas trop mal
S'il s'agit de billets de mille,
Ne croyez pas que ça les bile;
Pendant qu'les autr's sont au bureau,
Eux pour Rio prenn't le bateau.

6e couplet
Si parfois une grande artiste,
De ses bijoux se fait voler
La belle que le fait attriste
Par Chollet se fait consoler.
C'est une agréable besogne
Dont il s'acquitte sans vergogne
Mais il m'a dit – c'est sûrement vrai
Qu'là dedans il n'fait pas ses frais.

7e couplet
Pour les manteaux de zibeline
Bien plus délicat est le cas
Rousselet, la mine chagrine
Recherche celui de Marnac.
Main dans la main, d'accord ils marchent
Multipliant pas et démarches
Du train où ça va – c'est certain –
On les mariera l'an prochain.

8e couplet
Rayon de la pornographie
Clément, bien choisi pour cela
Saisit livres, photographies
Préservateurs et cætera
C'est une affair' que, dans l'attente
De sa retraite qui le tente
Il traite avec assez de flair
Et qui le tient toujours en l'air.

12e couplet
Il fallait un spécialiste
Pour les coffres-forts perforés
Fixant son choix sur un artiste
Chaigneau fut de tous préféré
C'est son début dans cette épreuve
Mais il nous donnera la preuve
De son remarquable brio
Puisque lui-même est proprio.

15e couplet
Ceux que je passe sous silence
ce sont les as de la maison
Si considérable est leur science
Qu'ils touch'ni à tout, comme de raison
Je m'en voudrais enfin d'omettre
Les jeun's qui parfois sont des maîtres
D'eux ont peut dire, c'est le cas :
C'est jeune mais ça sait déjà.

16e couplet
Je vois certains de vous sourire
Se demandant fort justement :
L'auteur va-t-il enfin nous dire
Quelques mots sur lui?… Sûrement
J'avoue, sans le faire à la pose
Que de bien, je n'fais pas grand chose
Cependant, j'en suis convaincu
Pour l'instant, je fais bien le c…

Paroles de Louis Riboulet,
Air provençal arrangé et harmonisé
par Victor Thiels

Petit lexique de l'argot policier

Flics et voyous s'expriment souvent avec la même gouaille… dans une langue imagée et savoureuse.

A

Accrocher : avoir suffisamment d'éléments dans une procédure pour déférer un mis en cause.
Allonger (s') : se mettre à table, avouer lors d'une audition.
Assiettes : cour d'assises.
Avoir des billes : disposer d'éléments à charge lors d'un interrogatoire.

B

Ballon : maison d'arrêt ou centrale.
Beau mec : beau voyou.
Bignoles : gardiennes d'immeubles.
Brancher : mettre sous écoute.
Brème : carte de réquisition, carte de police.

C

Cage : cellule de garde à vue.
Caillou : morceau de crack.
Carambouille : délit financier.
Crever : interpeller, arrêter, serrer, sauter, arracher.
Chargé (être) : se dit d'un dealer portant de la drogue sur lui.
Cocotte, bonbonne : morceau de papier plié contenant de la drogue en petite quantité.
Crâne : personne interpellée en flagrant délit.

D

Découpe : autopsie.
Décrocher : quitter un dispositif de surveillance.
Décrocher (un informateur) : faire remettre en liberté un tonton mis en cause dans une procédure, autant que faire se peut…
Déférer : présenter le mis en cause, à l'issue de sa garde à vue, au procureur de la République.
Défourailler : tirer avec son arme à feu, ce qui se termine souvent en fusillade.
Deux tons : gyrophare.
Discret : petit micro composé d'une plaque d'induction, d'une oreillette et d'un bouton poussoir, passant inaperçu et bien utile lors des filatures.

E

Enfouraillé : armé.

F

Faire briller : montrer des billets fournis par l'administration lors d'un coup d'achat en matière de stups. Les policiers se font passer pour des acheteurs potentiels afin de réaliser une transaction permettant d'interpeller un dealer.
Fourgue : receleur.
Fumer : tuer.

H

Habiller : accumuler suffisamment de preuves pour envoyer en prison un malfaiteur.

I

Informateur : tonton, indic, cousin, balance.

J

Julot : proxénète.

L

Lever : repérer un malfaiteur dans la rue.

Loger : trouver l'endroit où un malfrat habite.

M

Monter au braquo : faire un vol à main armée.

P

Parapluie : outil composé d'une douzaine de petites tiges permettant d'ouvrir un grand nombre de serrures.
Piéton (faire le) : filer, filocher à pied.
Perquisition à la mexicaine ou à l'espagnole : proscrite, il s'agit d'une perquisition illégale.
Pinces : menottes, canettes, bracelets.
Plume : ancienne pince-monseigneur, pied-de-biche de petite taille apprécié pour perpétrer des vols effrac.
Poser (se) : lorsque l'objectif faisant l'objet d'une filature s'arrête, «Ça se pose».
Prélim' : enquête préliminaire, dite d'initiative.
PV de chique : procès-verbal pris par l'enquêteur alors qu'il sait pertinemment que le présumé coupable ment.

R

Rebecqueter : retrouver l'objectif d'une filature après l'avoir perdu, identifier un coupable.
Récup' : jour de récupération calculés sur les permanences.
Retapisser (se faire), se faire chouffer, caraméliser, détroncher, griller, frimer : se faire reconnaître lors d'une filature.
Rongeur : taxi.
Ruban : trottoir sur lequel les prostituées officient.

S

Saucissonnage : vol avec violences perpétré chez des gens aisés qui sont ligotés le temps que main basse soit faite sur leurs valeurs.
Serrer, sauter, arracher : interpeller.
Soum, cuve : estafette banalisée, spécialement aménagée pour faire de longues planques, très chaude en été.
Souricière : dispositif mis en place par des policiers en vue d'une interpellation.
Souricière : dédale de couloirs reliant le dépôt de la Préfecture de police et le Palais de justice à Paris.

T

Taper aux fafs : faire un contrôle d'identité.
Tapineuse, gagneuse, michetonneuse, chandelle, taulière, marcheuse : prostituée.
Tapissage : parade de représentation des suspects organisée par les policiers devant les témoin.
Taulier : patron, commissaire de police, chef de service.
Toc : faux papier d'identité ou faux billet.
Tonton, cousin, indic, balance : informateur.
Truqueurs : jeunes hommes feignant de céder aux charmes et aux avances des homosexuels, le plus souvent dans des bars, afin de s'introduire dans leur appartement pour les dépouiller.

V

Vama : vol à main armée, braquo.
Vol à l'étalage : rapine.
Vol à l'escalade : par le balcon.
Vol à la tire : celui du pickpocket.
Vol à la roulotte : réalisé dans une bagnole.
Vol par ruse : scénario pour embobiner la victime.
Vol à la fausse qualité : vol par ruse avec usurpation de la qualité de policier.

Z

Zonzons : écoutes téléphoniques.

BIBLIOGRAPHIE

– Michel Alexandre, *Le Langage quotidien de la police*, Liber, 1997.

- Philippe Artières, *Le Livre des coupables, autobiographies de criminels (1896-1909)*, Albin Michel, 2000.

– William Assayag, Jean-Noël Fournier, *36, quai des Orfèvres*, Éditions Alain Moreau, 1989.

– Suzanne Bertillon, *Vie d'Alphonse Bertillon*, Gallimard, 1941.

– Frédéric Charpier, *Au cœur de la PJ, enquête sur la police scientifique*, Flammarion, 1997.

– Frédéric Chauvaud, *La Médecine légale en France au XIXe siècle*, Aubier, 2000.

– Gilbert Deflez, *Le Gang des tractions avant*, Éditions Jacques Grancher, 1980.

– Charles Diaz, *L'Épopée des brigades du Tigre*, Calmann-Lévy, 1995.

– Charles Diaz, *La Police technique et scientifique*, Presses universitaires de France, «Que-sais-je?», 2000.

– Charles Diaz, Daniel Fontanaud, Michel Desfarges, *Le Livre du crime*, Calmann-Lévy, 1994.

– Jean-Paul Fisch, *La Brigade criminelle de Paris*, DESS, 1994.

– Vendelin Hreblay, *La Police judiciaire*, PUF, «Que sais-je?», 1988.

– Roland Jacquard, *La Longue Traque d'Action directe*, Albin Michel, 1987.

- Arlette Lebigre, *La Police, une histoire sous influence*, «Découvertes Gallimard», 1993.

– Gilles Leclair, *La Drogue, par le patron des stups*, Plon, 1998.

– Louis Lépine, *Mes souvenirs*, Payot, 1929.
– Edmond Locard, *Manuel de technique policière*, Payot, 1923.

– Edmond Locard, *Mémoires d'un criminologiste*, Fayard, 1957.

– Jean Maitron (présenté par), *Ravachol et les anarchistes*, Gallimard, «Archives», 1964.

– Alain Monestier, *Les Grandes Affaires criminelles*, Bordas, 1988.

– Marcel Montarron, *Les Grands Procès d'assises*, CAL, 1967.

– Pierre Ottavioli, *Échec au crime, 30 ans «quai des Orfèvres»*, Grasset, 1985.

– Franck Renaud, *Le Nouveau Milieu*, Fayard, 1992.

– Marc Renneville, *La Science des crânes, une histoire de la phrénologie*, Synthélabo, 2000.

– Jean-Pierre Van Geirt, *La Crim', Les grandes affaires de la Brigade criminelle*, Éditions n° 1, 1995.

Le site internet de la PJ et de la PTS : http://www.intérieur.gouv.fr/police/dcpj/pts/scene-crime/index1.html

TABLE DES ILLUSTRATIONS

recherche de François Raymond Callemin, dit «Raymond la Science». Archives de la Préfecture de Police de Paris.
29b «La tragédie d'Ivry-sur-Seine. L'anarchiste Bonnot tue M. Jouin, chef-adjoint de la Sûreté et blesse l'inspecteur Colmar», gravure tirée du supplément illustré du *Petit Journal*, 5 mai 1912.
30 «Les crimes de la bande des voleurs d'automobiles» : «À Montgeron, guet-apens dans la forêt de Sénart», gravure tirée du supplément illustré du *Petit Journal*, 7 avril 1912.
31 «Les crimes de la bande des voleurs d'automobiles», «À Chantilly, l'attaque de la succursale de la Société Générale», gravure tirée du supplément illustré du *Petit Journal*, 7 avril 1912.
32h Fiche signalétique de Mata Hari à l'Identité judiciaire de Paris. Archives de la Préfecture de Police de Paris.
32b Landru lors de recherches effectuées par la police dans la cave de sa maison de Gambais. Archives de la Préfecture de Police de Paris.
33 «La police parisienne se modernise», gravure tirée du supplément illustré du *Petit Journal*, 12 décembre 1920.
34h Stavisky et sa femme au cours d'un déjeuner, vers 1930.
35h Fiche signalétique de police de Stavisky en 1926. Archives de la Préfecture de Police de Paris.
35b Assassinat du roi Alexandre Ier de Yougoslavie, le 9 octobre 1934, à Marseille.
36 Fiche anthropométrique d'Émile Buisson. Archives de la Préfecture de Police de Paris.
37h Les voleurs des bijoux de la Bégum. Fiche AFP, août 1949.
37 La Bégum portant quelques-uns de ses fameux bijoux.
38 Escalier de la Police judiciaire au 36, quai des Orfèvres à Paris. Photographie de Robert Doisneau, 1962.
39h et 39b Bureaux des policiers de la Brigade criminelle au 36, quai des Orfèvres. Photographie de Robert Doisneau, 1962.
40 h et 40b Photographies du film *Quai des Orfèvres* de Henri-Georges Clouzot, avec Louis Jouvet. 1947.
41 Cour intérieure du Palais de justice de Paris. Photographie de Robert Doisneau, 1962.
42 Les coursives de la Direction régionale de la Police judiciaire au 36, quai des Orfèvres à Paris.
43 Sigle de la Direction centrale de la Police judiciaire, dessiné par Moretti.
44 Spécimen de carte d'inspecteur principal de Police.
45 Organigramme de la Police nationale.
46-47 Organigramme de la Police judiciaire.
48 Braqueur menaçant de son arme un otage à la sortie du Crédit de la Bourse, place de la Bourse à Paris, le 31 janvier 1974.
49 Membres de la section scientifique du SRPJ de Grenoble relevant des indices autour d'un fourgon blindé attaqué par des malfaiteurs, en avril 2000 (un convoyeur abattu, deux blessés).
50 Prostitué(e)s au bois de Boulogne.
51 Article paru dans le *Figaro* des 1-2 juin 1996 concernant la restitution de tapisseries au Musée national de la Renaissance à Écouen.
52 Saisie record de 804 kilos de cocaïne effectuée en Seine Saint-Denis par la Brigade des Stupéfiants et la Brigade de Répression du Banditisme, le 8 juin 1999.
53 À l'occasion d'une opération de lutte contre la drogue, contrôle de police, le 11 octobre 1999.
54 Hommes encagoulés du FLNC-Canal historique participant à une conférence de presse clandestine dans le maquis, dans la nuit du 27 au 28 juin 1999, pour revendiquer six attentats et une tentative.
55 Conférence de presse clandestine donnée par des dirigeants du mouvement séparatiste basque ETA, le 1er janvier 1998, pour annoncé un cessez-le-feu illimité, rompu depuis.
56-57b Réunion dans le bureau du chef de la Brigade criminelle, après l'attentat de la station de RER Saint-Michel, le 27 juillet 1995. Autour de Jean-Louis Debré et du préfet de Police Massoni, on reconnaît entre autres Christian Gallo, patron de la Crim', Claude Cancès, directeur régional de la PJ, Jean Tchividjian, directeur adjoint et Gérard Girel, sous-directeur.
57h Sigle de la Brigade criminelle de la DRPJ, en forme de chardon.
58 Affaire Ben Barka, d'après la couverture de *Paris Match* du 29 janvier 1966.
59h Couverture de *Paris Match* montrant la photographie envoyée par les ravisseurs du baron Empain, 1978.
59b Vue de la gare du RER Port-Royal après l'attentat du 3 décembre 1996.
60b Jacques Mesrine, l'ennemi public n°1, tué porte de Clignancourt à Paris, le 2 novembre 1979.
61h Insigne porté par les policiers de la Brigade anti-

CHAPITRE 4

CHAPITRE 5

TÉMOIGNAGES ET DOCUMENTS

INDEX

CRÉDITS PHOTOGRAPHIQUES

AFP 35b, 37h, 37b, 59h. AFP/E.Cabanis 62h, 62b. AFP/J.-P. Chalot 49. AFP/COR 54. AFP/P. Desmazes 71h. AFP/FBI 80. AFP/E. Feferberg 59b. AFP/D. Janin 48. AFP/Manocher Deghatti 52. AFP/Mehdi Fedouadi 83. AFP/NTN 55. AFP/OFF 77h. AFP/A.Olive/EPA/EFE 65b. AFP/J. Robine 53. AFP/STF 60, 63, 92. Archives Gallimard Jeunesse 97, 99, 109-111. Jean-Loup Charmet 13h, 13b, 14, 15h, 15b, 17h, 18h, 20h, 20b, 21, 32b. Christophe L. 40h, 40b. Collection Charles Diaz 27h, 27b. Collection Madame Stagnara Locard 11, 22. Corbis Sygma 50. Corbis Sygma/Kent Messenger Group 64. Droits réservés 69, 70-71, 107. Éditions Gallimard/Patrick Léger 9, 42, 93, 94. Eurolios/Fabrice Giband 66. Eurolios/H. Raguet 67, 76h. Europol, La Haye 65h. Gamma/Balian 74h. Gamma/B. Bakalian 68. Gamma/F. Demange 73, 75, 78, 91h. Gamma/P. Landmann 1er plat de couverture, 73, 79, 82. Gamma/Georges Merillon 32h, 36, 77b, 88b. Gamma/G. Saola/P. Hurlin 96. Gamma/P. Vals 103. Le Figaro 51. Jean-Marie Leroy 89, 90. Magnum/R. Depardon 84, 85. Rapho/R. Doisneau 4e plat de couverture, 24, 25, 38, 39h, 39b, 41. Rapho/A. Soldeville 74b. RMN/Jean Schormans, Paris 12. Roger-Viollet 23b, 34, 35h. Scoop/Paris Match/Gysenbergh 56-57b, 58. STRIIJ, Direction de la Police judiciaire 61h, 61b, 81, 86h, 86bg, 86bd, 87, 88h, 91b. Patricia Tourancheau 95. Jean Vigne 1, 2, 3, 4-5, 6,7, 10, 16, 17b, 18b, 19, 26, 28, 29h, 29b, 30, 31, 33.

REMERCIEMENTS

L'auteur adresse ses remerciements en priorité à ceux qui lui ont appris à connaître la PJ et qui lui ont donné envie de rejoindre cette aventure : Robert Broussard, Claude Cancès, Jacques Genthial, Jacques Hilaert, François Jaspart, Ange Mancini, Pierre Ottavioli, Jacques Poinas, René-Georges Querry, Gérard Zerbi. Elle remercie également ceux qui lui ont ouvert les portes du 36, quai des Orfèvres : Patrick Riou et Jean Tchividjian, Bernard Gravet qui a été l'un des instigateurs de ce livre, et Charles Diaz qui a bien voulu y participer.
L'éditeur tient tout particulièrement à remercier de leur aide, à la Police judiciaire, Amaury de Hautecloque, Philippe Danjou, Christian Barthe, Patrick Baudot, Frank Billa, Vianney Dièvre, Yves Jobic et Jean-Claude Mulès. Ces remerciements s'adressent également à Marie-Caroline Aubert pour sa recherche de textes, Maud Fisher-Osostowicz, Clémence Grillon, Charles-François Mathis et Vincent Huguet.

ÉDITION ET FABRICATION

DÉCOUVERTES GALLIMARD
COLLECTION CONÇUE PAR Pierre Marchand.
DIRECTION Élisabeth de Farcy.
COORDINATION ÉDITORIALE Anne Lemaire.
GRAPHISME Alain Gouessant.
FABRICATION Corinne Chopplet.
PROMOTION & PRESSE Valérie Tolstoï, assistée de Doris Audoux.
SUIVI DE PRODUCTION Madeleine Gonçalves.

LA POLICE JUDICIAIRE, LA SCÈNE DE CRIME
ÉDITION Frédéric Morvan.
MAQUETTE ET MONTAGE Gilbert Bornat.
ICONOGRAPHIE Claire Balladur.
LECTURE-CORRECTION Catherine Lévine.
PHOTOGRAVURE Arc-en-Ciel.

Après des études de lettres modernes et de psychopathologie,
Béatrice Durupt a travaillé au Mercure de France. Elle est lieutenant
de Police à la Direction régionale de la Police judiciaire de Paris depuis 1997
et a été affectée successivement en commissariat, à l'État-Major
et à la Brigade de Répression du Banditisme.

Le deuxième chapitre de l'ouvrage a été rédigé par Charles Diaz,
commissaire divisionnaire de la Police nationale,
auteur de *Le Livre du crime*, avec Daniel Fontanaud, et Michel Desfarges,
Calmann-Lévy, 1994; *L'Épopée des Brigades du Tigre*, Calmann-Lévy, 1995;
La Police technique et scientifique (Que sais-je ?, PUF, 2000).

À tous ceux qui, chaque jour,
m'apprennent ce métier et m'aident à persévérer.
B. D.

1er dépôt légal : novembre 2000
Dépôt légal : juillet 2004
Numéro d'édition : 131574
ISBN : 2-07-053475-8
Imprimé en France par Kapp